# EL ETILÓMETRO Y LA REGULACIÓN DE LAS TASAS DE ALCOHOLEMIA

## Actuación policial y jurisprudencia

Juan Rafael Parejo Rubio
Santiago Pérez Otero

*"Un cuerpo de Policía Local sin etilómetro es como uno de bomberos sin agua."*

*Pérez y Parejo (2025)*

# ÍNDICE

# INTRODUCCIÓN

Este libro está elaborado para servir de guía operativa para los agentes de policía en todo lo referenciado a las intervenciones ocasionadas por ilíctos penales como consecuencia de la conducción bajo los efectos del alcohol. Del mismo modo, se estudia con detalle la evolución legislativa, la normativa así como la jurisprudencia aplicable al efecto. Se facilita una perspectiva integral de las actuaciones en este ámbito, garantizando con ello la eficacia en la actuación y el respeto de los derechos fundamentales de los ciudadanos.

Desde una perspectiva jurídica, el Código Penal y la Ley de Seguridad Vial orientan las pautas para la detección y sanción de las infracciones por alcoholemia, haciendo una diferencia entre la responsabilidad penal y administrativa basándose en el nivel de gravedad y las circunstancias del caso. De la misma forma, se exponen los protocolos de actuación policial en controles de alcoholemia, la negativa a someterse a las pruebas y los procedimientos para la inmovilización de vehículos en casos de infracción.

Por otro lado, a través del capitulo II, se adentra en un instrumento fundamental en esta matería, como es el uso del etilómetro y la aplicación de la Curva de Widmark. En particular, el etilómetro resulta importantísimo en la detección y medición de la alcoholemia, conformándose como un factor decisivo en la seguridad vial y en la aplicación de la normativa vigente. Por tanto, mediante este documento se pretende proporcionar a los agentes de los conocimientos necesarios para una adecuada utilización de este dispositivo, garantizando que sus actuaciones se ajusten a los principios de legalidad y objetividad. Asimismo se profundiza en el funcionamiento del etilómetro, su base técnica y las diferentes leyes e instrucciones que regulan su uso, asegurando la fiabilidad de las mediciones y su validez en procedimientos administrativos y penales. También se estudia la Curva de Widmark, un modelo matemático que en algunas circunstancias es utilizado en toxicología forense para averiguar la concentración de alcohol en sangre en función del tiempo transcurrido desde la ingesta de alcohol.

Hay que tener en cuenta que la correcta utilización de estos procedimientos es esencial en la labor policial. Este documento también deja constancia de los márgenes de error permitidos, la jurisprudencia relevante y los procedimientos legales relacionados con el uso de estas pruebas. Se hace especial énfasis de que toda intervención policial debe quedar plasmada documentalmente así como supervisada. De esta manera se asegura que las pruebas de alcoholemia se realicen sin vulnerar la normativa vigente y por ende, que los procedimientos tengan plena validez ante la autoridad judicial.

Por otra parte, se profundiza en la influencia del alcohol en la conducción, los factores que inciden en la tasa de alcoholemia y las consecuencias resultantes del consumo de bebidas alcohólicas al volante. Además, se incluyen las futuras modificaciones normativas previstas en este año, que se basan en una reducción de los límites de alcoholemia permitidos, alineándose con la política de tolerancia cero aplicada en otros países europeos.

# CAPÍTULO I

## REGULACIÓN DE LAS TASAS DE ALCOHOLEMIA: INTERVENCIÓN POLICIAL Y JURISPRUDENCIA.

# 1. EVOLUCIÓN LEGISLATIVA DE LOS DELITOS POR CONDUCCIÓN DOLOSA CON INFLUENCIA DEL ALCOHOL EN ESPAÑA

La evolución de la legislación española en materia de delitos contra la seguridad vial, especialmente en lo que respecta a la conducción bajo los efectos del alcohol, ha experimentado un desarrollo progresivo, adaptándose a las necesidades sociales y al aumento del tráfico rodado. A lo largo del siglo XX y XXI, la normativa ha evolucionado desde una regulación meramente administrativa hacia una consideración penal de la conducción en estado de embriaguez, con el objetivo de reducir la siniestralidad vial y proteger la seguridad colectiva.

- **Primeras regulaciones administrativas y su evolución hacia el ámbito penal**

Las primeras normas sancionadoras en materia de seguridad vial en España surgieron a principios del siglo XX, en un contexto en el que el tráfico rodado comenzaba a expandirse. Los Reales Decretos de 23 de julio de 1918, 29 de octubre de 1920 y 24 de noviembre de 1922 establecieron las bases para la regulación del tráfico, fusionados a posteriori a través del Reglamento de 1926. Este sirvió de sustento para la aprobación del **Código de Circulación del 25 de diciembre de 1934**, que estructuró de manera más clara las normas de tráfico y seguridad vial.

A pesar de estos avances normativos, la regulación de la conducción bajo los efectos del alcohol no se incorporó en el ámbito penal hasta la publicación del Código Penal de 1928, que incluyó, dentro de los delitos contra la seguridad colectiva, una serie de figuras delictivas relacionadas con el tráfico viario. Sin embargo, estas disposiciones fueron de corta aplicación, ya que el Código Penal de 1932 las derogó. Posteriormente, el Código Penal de 1944 no incorporó ninguna regulación específica sobre la seguridad vial, dejando esta figura en el ámbito de las sanciones administrativas.

- **Ley del Automóvil de 1950: la primera tipificación penal**

El punto de inflexión en la regulación de la seguridad vial en España llegó con la **Ley del Automóvil de 9 de mayo de 1950**, que tipificó por primera vez como delito la conducción bajo la influencia de bebidas alcohólicas, drogas tóxicas o estupefacientes. Esta normativa imponía penas de arresto mayor o multas de 1.000 a 50.000 pesetas para quienes condujeran en estado de embriaguez.

El legislador consideró esta infracción como un delito de peligro, exigiendo que las sustancias afectan la capacidad del conductor para conducir el vehículo de forma segura.

Esta regulación representó un cambio significativo, ya que, hasta ese momento, la embriaguez al volante se sancionaba exclusivamente en el ámbito administrativo. Su incorporación a la esfera penal se debió al establecimiento de una mayor protección frente al incipiente aumento de accidentes de tráfico a causa del consumo de alcohol.

- **Ley de 1962 y reforma del Código Penal de 1967**

La **Ley de 24 de diciembre de 1962 sobre el "Uso y Circulación de Vehículos a Motor"** surgió con el propósito de unificar toda la regulación sobre el tráfico. En relación con la alcoholemia, el artículo 5º de esta ley introdujo la exigencia de que la influencia de bebidas alcohólicas o drogas fuera "manifiesta", lo que generó debates en la doctrina sobre si la norma ampliaba o restringía el ámbito del delito.

La reforma del Código Penal de 1967 incorporó los delitos de tráfico en el Capítulo I del Título XVII, bajo la denominación de "Delitos de riesgo en general". Se introdujeron los artículos 340 bis a), 340 bis b) y 340 bis c), incluyendo el delito de conducción bajo los efectos del alcohol, drogas tóxicas o estupefacientes. En esta regulación desapareció la necesidad de que la influencia fuera "manifiesta", reforzando la configuración del delito como un peligro abstracto.

- **El Código Penal de 1995 y las reformas posteriores**

El **Código Penal de 1995 aprobado a través de la Ley Orgánica 10/95 de 23 de noviembre (en lo sucesivo CP)** configuró una estructura más moderna y específica para los delitos contra la seguridad vial, situándolos dentro de los "Delitos contra la seguridad colectiva". Desde esta perspectiva, la conducción bajo la influencia de alcohol o drogas pasó a ser considerada un delito de peligro abstracto, reforzando el carácter punitivo de la normativa.

La **Ley Orgánica 15/2007, de 30 de noviembre, modificó el Código Penal** y redefinió los delitos contra la seguridad vial, introduciendo nuevas categorías:

- **Infracciones de riesgo:** obstaculización del tráfico y falta de restablecimiento de la seguridad de la vía.

- **Infracciones de simple actividad:** exceso de velocidad y alcoholemia superior a 1,2 g/l en sangre.

- **Infracciones de resultado:** lesiones graves derivadas de la conducción en estado de embriaguez.

- **Delitos de peligro**: conducción temeraria y bajo los efectos del alcohol o drogas.

- **Delitos administrativos:** negativa a someterse a pruebas de alcoholemia y conducción sin permiso.

- **Situación actual y tendencias**

En los últimos años, la legislación ha seguido evolucionando. La Dirección General de Tráfico (DGT) ha implementado controles más estrictos y ha intensificado las sanciones por alcoholemia. Según un informe de 2023 de Automovilistas Europeos Asociados, las sanciones por consumo de drogas al volante han aumentado un 139% en Andalucía, mientras que las sanciones por alcohol han disminuido, reflejando una mayor concienciación y efectividad de las campañas de prevención.

La evolución legislativa en materia de alcoholemia en España ha sido una respuesta progresiva a la necesidad de reducir la siniestralidad vial y garantizar una mayor seguridad en las carreteras, reflejando una política penal cada vez más rigurosa en la lucha contra la conducción bajo los efectos del alcohol y las drogas.

## 2. NATURALEZA JURÍDICA EN LOS DELITOS CONTRA LA SEGURIDAD VIAL

El delito de conducción bajo la influencia de alcohol o drogas en España se configura como un delito contra la seguridad vial, tal como se establece en el artículo 379.2 del Código Penal. A continuación, se detallan sus características principales:

### a) Naturaleza del delito:

Los delitos contra la seguridad vial, tal como se establece en nuestro Código Penal, se configuran como aquellas conductas delictivas de mera actividad y de riesgo abstracto.

Esto quiere decir que no se tiene porque producir un daño concreto, así como tampoco se tiene que poner en peligro de manera directa bienes jurídicos específicos. Este tipo delictivo se consuma solamente con la creación de un riesgo potencial para la seguridad vial.

Bajo estas circunstancias, se puede aplicar la doctrina anglosajona de los "delitos barrera", donde se configura una barrera penal sobre la cual se pronunciado el **Tribunal Supremo en distintas sentencias de 2 y 15 de febrero de 1982** al expresar que *"la conducción de vehículos a motor requiere unas circunstancias psicosomáticas de concentración, destreza, pericia y atención que son incompatibles con la ingestión inmoderada de bebidas alcohólicas o sustancias toxicas o estupefacientes"*.

En el mismo sentido, la **Sentencia 2/2003 del Tribunal Constitucional** dice que *"el bien jurídico que se protege es la seguridad del tráfico, además de la vida y la integridad física"*

**Delito de peligro abstracto:** Este tipo penal se clasifica como un delito de peligro abstracto, lo que establece que <u>no es necesario que se produzca un resultado dañino concreto</u>; basta con la mera realización de la conducta peligrosa para la sociedad.

**Delito formal por superación de tasas:** Además, se considera un delito formal cuando se superan las tasas específicas de alcohol establecidas: 0,60 mg/l en aire espirado o 1,2 g/l en sangre. En este caso, la infracción se consuma con la simple transgresión de los límites mencionados, sin necesidad de demostrar un peligro efectivo para el bien jurídico protegido.

b) **Elemento central del delito: Influencia en la conducción**

El núcleo del delito radica en la **disminución acreditada de la capacidad psicofísica del conductor**, lo que conlleva una menor seguridad en la seguridad vial como consecuencia de la reducción de capacidades sensoriales, reflejos y atención, así como una posible tendencia a la euforia o somnolencia. Para establecer esta influencia, se deben considerar dos aspectos objetivos:

Presencia de una determinada concentración de alcohol o sustancias peligrosas en el organismo.

Que dicha presencia afecte de manera determinante la capacidad de conducción.

Es fundamental demostrar que el consumo de estas sustancias ha influido negativamente en las habilidades del conductor para la conducción del vehículo de forma segura.

### c) Bien jurídico protegido

Los delitos contra la seguridad vial se encuentran regulados en el Título XVII del Libro II del Código Penal aprobado en la Ley Orgánica 10/95 de 22 de noviembre (CP), bajo la denominación de **"Delitos contra la seguridad vial"**. Más concretamente, estos delitos se engloban en el Capítulo IV, que abarca los artículos 379 a 385 ter. Esta ubicación podría sugerir que el bien jurídico protegido es la seguridad colectiva en el tráfico de vehículos a motor. Sin embargo, la doctrina no es unánime en esta interpretación, lo que ha dado lugar a diversas posturas que se analizan a continuación.

- **Marco Jurisprudencial**

La discusión sobre el bien jurídico protegido en los delitos contra la seguridad vial ha sido resuelta por la jurisprudencia. La **STS 3477/2017, de 3 de octubre** establece:

> *"Que el bien jurídico protegido es la seguridad vial no suscita mucha discusión y, además, ya ha sido objeto de pronunciamientos por esta Sala Casacional* **(SSTS 91/2011, de 13 de febrero, 1032/2013, de 30 de diciembre, y 335/2016, de 21 de abril, entre otras)**. *También se ha referido a tal bien jurídico el Tribunal Constitucional en STC 161/1997, de 2 de octubre, y la Fiscalía General del Estado, en su Circular 10/2011, de 17 de noviembre."*

Asimismo, la **STS 335/2016, de 21 de abril** confirma esta interpretación:

> *"El tipo obedece a la idea de preservar el bien jurídico protegido, la seguridad vial, frente a todos aquellos que se aventuran a pilotar un vehículo de motor sin haber obtenido un permiso, precisamente por el plus de peligrosidad que entraña para el resto de los usuarios de las vías públicas la conducción de vehículos por quiénes no hayan acreditado una mínima aptitud para su manejo."*

Por último, la **Fiscalía General del Estado, en su Circular 10/2011, de 17 de noviembre,** reafirma la importancia de la seguridad vial como bien jurídico protegido:

> *"Precisamente la singularidad en la seguridad vial consiste en que los bienes jurídicos individuales 'vida' e 'integridad física', de tanto relieve, son el referente esencial, único, que legitima el adelantamiento de las barreras de protección. En definitiva, se trata de un bien colectivo intermedio transido de estos matices"*

El **Tribunal Constitucional (STC 55/1996)** ha señalado que corresponde al legislador la selección de los bienes jurídicos a proteger y la tipificación de las conductas delictivas, dentro de los límites constitucionales:

> *"En el ejercicio de su competencia de selección de los bienes jurídicos que dimanan de un determinado modelo de convivencia social y de los comportamientos atentatorios contra ellos, así como de determinación de las sanciones penales necesarias para la preservación del referido modelo, el legislador goza, dentro de los límites establecidos en la Constitución, de un amplio margen de libertad que deriva de su posición constitucional y, en última instancia, de su específica legitimidad democrática".*

Dicha facultad legislativa ha generado un amplio debate doctrinal sobre el bien jurídico protegido en los delitos contra la seguridad vial, dividiéndose en tres principales posturas.

- **Posiciones Doctrinales**

- **Seguridad vial como bien jurídico autónomo y colectivo**

Esta primera corriente defiende que el bien jurídico protegido es la "seguridad vial", con carácter autónomo y colectivo, y no los intereses individuales de las personas involucradas en la circulación. Según esta posición, los delitos contra la seguridad vial son "delitos de peligro", pues sancionan la creación de un riesgo elevado de lesión antes de que se materialice un daño concreto (Cermeño Guilmaín, 2018).

- **Seguridad vial como bien colectivo de protección instrumental**

Una segunda corriente considera que la seguridad vial es un bien jurídico colectivo, pero con un carácter instrumental, ya que su protección está orientada a evitar daños en bienes jurídicos individuales como la vida, la integridad física o el patrimonio (Pallín Ibáñez, 2015). Desde esta perspectiva, se protege penalmente la seguridad vial como medio para salvaguardar derechos individuales (Rodríguez Fernández, 2010).

- **Protección de bienes jurídicos individuales**

La tercera postura sostiene que los delitos contra la seguridad vial buscan la protección de bienes jurídicos individuales, como la vida y la integridad física, mientras que la seguridad vial es solo un criterio para delimitar el riesgo permitido. Algunos autores consideran que el concepto de "seguridad vial" carece de entidad propia y que no puede considerarse un bien jurídico en sí mismo (Rey Huidobro, 2010)

**d) Sujeto activo y pasivo**

El delito puede ser cometido únicamente por el **conductor de un vehículo a motor o ciclomotor.**

El **sujeto activo** <u>será aquella persona que conduce</u>, con excepción de los coches de autoescuela, en cuyo caso el sujeto activo será el profesor, y **sujeto pasivo** será <u>toda persona que participe en el tráfico y que puedan resultar dañadas</u> por la conducta del sujeto activo.

Ahora se definirá quién es el conductor y quien puede ser considerado peatón.

**CONDUCTOR:**

-   Persona que conduce el mecanismo de dirección o va al mando de un vehículo,
-   Está a cargo está un animal o animales,
-   En v**ehículos de autoescuela** se considera <u>conductor a la persona que está a cargo de los mandos adicionales.</u>
-   Conductor habitual, que es aquella persona que, contando con el permiso o licencia de conducción necesaria, estará inscrito en el Registro de Conductores e Infractores, ha sido designada por el titular de un vehículo, previo su consentimiento, en virtud de lo dispuesto en el artículo 9 bis LSV, por ser aquella que de manera usual o con mayor frecuencia conduce dicho vehículo.

## PEATÓN

- Persona que, sin ser conductor, transita a pie por las vías o terrenos.
- Se consideran son peatones quienes empujan o arrastran un coche de niño o impedido o cualquier otro vehículo sin motor de pequeñas dimensiones, l
- Conducen a pie un ciclo o ciclomotor de dos ruedas,
- Impedidos que circulen al paso en una silla de ruedas, con o sin motor.

### e) Acción típica

La conducta típica debe extraerse literalmente del art. 379 CP, del cual puede decirse que es **conducir un vehículo a motor o ciclomotor bajo la influencia de drogas tóxicas, estupefacientes, sustancias psicotrópicas, o bebidas alcohólicas**.

A continuación pasamos a analizar los términos ubicados en dicho artículo tales como conducir, influencia o vehículo a motor o ciclomotor:

---

**Concepto de conducir:** El término *conducir* hace referencia a guiar o manejar un vehículo hacia un destino u objetivo.

**Influencia de sustancias en la conducción:** Por *influencia* se entiende aquello que afecta a algo, en este caso, negativamente a las condiciones físicas y psíquicas del conductor. Para que una persona esté influenciada en el ámbito penal, debe verse afectada de forma negativa, es decir, reduciendo su capacidad para conducir con seguridad. No sería punible la conducta de quien haya consumido sustancias pero que estas no afecten a su capacidad de conducción. Este aspecto plantea problemas de prueba en el Derecho penal, cuya carga recae sobre la acusación.

**Jurisprudencia del Tribunal Constitucional** *"El elemento determinante del delito tipificado en el artículo 340 bis a) del Código Penal no consiste solo en el dato objetivo de un determinado grado de impregnación alcohólica, sino también en la influencia que dicha impregnación tenga en la conducción del vehículo."* **(STC núm. 68/2004, Sala Segunda, de 19 de abril de 2004).**

**Definición de vehículo a motor y ciclomotor** Según la Dirección General de Tráfico (DGT), se establecen las siguientes definiciones:

- **Vehículo a motor:** Aquel provisto de un motor para su propulsión. Se excluyen de esta categoría los ciclomotores, tranvías y vehículos de personas con movilidad reducida.
- **Ciclomotor:** Vehículo de dos o tres ruedas con un motor de cilindrada no superior a 50 cm³ (si es de combustión interna) y con una velocidad máxima por construcción no superior a 45 km/h.

### f) Elemento subjetivo. La actio liberae in causa

Se trata de un delito eminentemente doloso, donde el autor es consciente de que conduce un vehículo a motor o ciclomotor bajo la influencia de sustancias que afectan su capacidad para conducir.

La *actio liberae in causa* es una figura del Derecho Penal que permite imputar responsabilidad a quien, siendo plenamente consciente, se coloca intencionalmente en estado de inimputabilidad para cometer un delito. Su aplicación ha sido debatida porque podría entrar en conflicto con los principios *nullum crimen sine actione* (no hay delito sin acción) y *nulla poena sine culpa* (no hay pena sin culpa).

### Regulación en distintos ordenamientos

- **España (CP, art. 8.1):** Exime de responsabilidad el trastorno mental transitorio, salvo que haya sido provocado intencionalmente para delinquir.
- **Italia (CP, arts. 87, 92 y 93):** Castiga la embriaguez preordenada o el consumo de estupefacientes con intención delictiva.
- **Suiza (CP, art. 12):** No permite alegar inimputabilidad si el sujeto causó su propio estado para delinquir.
- **Alemania:** No contiene regulación específica.

### g) Medio comisivo

El medio para la comisión del delito es la **conducción de un vehículo a motor o ciclomotor.**

**h) Autoría**

La **identificación del infractor** es esencial para la persecución penal de este ilícito, ya que se debe demostrar quién estaba al mando del vehículo en el momento de la infracción.

**i) Definición de conducción**

Se entiende por **conducción** el acto de manejar los mecanismos de dirección de un vehículo a motor o ciclomotor. En el caso de vehículos de aprendizaje, también se considera conductor a quien está a cargo de los mandos adicionales como se ha referido anteriormente

**j) Ámbito de aplicación**

El delito se aplica en **vías y terrenos públicos aptos para la circulación**, según lo dispuesto en el artículo 2 de la **Ley 6/2015 de 30 de marzo por el que se aprueba el texto refundido sobre Tráfico, Circulación de Vehículos a Motor y Seguridad Vial (LSV en lo sucesivo)**

**k) Norma penal en blanco**

Para una comprensión completa de los conceptos del tipo penal, es necesario remitirse a normativas complementarias que desarrollan y especifican los términos utilizados en el Código Penal, en consonancia con el artículo 1.6 del Código Civil.

# 3. ELEMENTOS QUE INFLUYEN EN LA SEGURIDAD VIAL

Desde este enfoque se hace mención a aquellos elementos o circunstancias que se producen en el lugar de los hechos e influyen directa o indirectamente y a su vez son fundamentales para entender cómo se producen los accidentes de tráfico.

Según la **Sentencia del Tribunal Supremo 426/2020 de 15 de julio** en su fundamento jurídico quinto se extrapola a la definición que asigna a los accidentes de tráfico el RAE como *"suceso eventual o acción de la que resulta daño involuntario para las personas o las cosas"*. La **Ley 50/1980 de 8 de noviembre de la Ley del Seguro (LCS)** también expresa los elementos jurídicos que constituyen un accidente de tráfico. Los principales factores involucrados son:

## FACTORES

**Las personas**: Estudios estadísticos dicen que alrededor del 90% de los accidentes de tráfico son causados por errores humanos, derivados de decisiones erróneas.

**El vehículo**: La seguridad del vehículo se encuentra condicionado al correcto estado y uso de sus componentes (ruedas, airbags, frenos y cinturones de seguridad). Por tanto, estos componentes son importantísimos para garantizar la seguridad vial, tanto activa como pasiva.

**La vía**: Se considera el lugar donde se producen los hechos y será muy importante el correcto estado de la misma, incluyendo las condiciones climatológicas que le puedan afectar. El tipo penal no expresa el lugar en el cual se lleva a cabo la acción típica, por ello debemos de estar ante lo reseñado en el **artículo 2 de la LSV** donde hace constar expresamente el ámbito de aplicación " *Los preceptos de esta ley son aplicables en todo el territorio nacional y obligan a los titulares y usuarios de las vías y terrenos públicos aptos para la circulación, tanto urbanos como interurbanos, a los de las vías y terrenos que, sin tener tal aptitud, sean de uso común y, en defecto de otras normas, a los titulares de las vías y terrenos privados que sean utilizados por una colectividad indeterminada de usuarios.*" Sin embargo las **Sentencias del Tribunal Supremo, 11/12/1968, 23/2/1972 y 23/4/1974** excluyen algunas vías privadas no destinadas normalmente al uso común o público y los lugares no transitables o cerrados al tráfico como cauces secos de los ríos, patios, garajes.

## 4. REQUISITOS PARA LA CONDUCTA TÍPICA

Para que la acción de conducir se entienda realizada y por lo tanto concurra lo expuesto en el art. 379.2 del CP es necesario que el vehículo sea trasladado de un lugar a otro. Esto requiere un desplazamiento en el tiempo como en el espacio. Ante esto, el Catedrático Juan Córdoba Roda expresa que esta circunstancia no es posible cuando el vehículo se desplaza un corto espacio y un tiempo insignificante. Es preciso además que el desplazamiento se haga con los medios de dirección e impulsión del vehículo a motor, dado que en el supuesto que el vehículo circule con el motor apagado y aproveche su inercia para moverse en punto muerto, no se podrá tipificar en el artículo 379.2 CP y para que esta conducta pueda ser castigada tiene que producirse como resultado unas lesiones u homicidio por imprudencia tipificado en otros artículos del CP.

La sentencia del **Tribunal Supremo de 2 de mayo de 1964**, condenó a un conductor que, por el hecho de conducir bajo la influencia de las bebidas alcohólicas, circulaba con el vehículo en punto muerto. En este caso, se consideró que la falta de control sobre el motor incrementan la peligrosidad de la situación, pues al prescindir de la dirección del motor, el riesgo se mantenía y aumentaba. Esta sentencia es compartida por Conde-Pumpido Ferreiro ya que la peligrosidad se conserva y aun aumenta al prescindir del dominio del motor

En el **art. 379.2 CP,** no aparece ninguna referencia al lugar de comisión del delito, no existiendo necesidad que tales hechos se realicen en vía pública, pero si realizamos una interpretación global de la ley. Solo por el mero hecho de empezar a conducir el vehículo bajo los efectos del alcohol, ya se consuma el tipo, **no hace falta** que exista un **riesgo real y tangible inminente.** Aunque la interpretación jurisprudencial sí que entiende que debe producirse un riesgo mínimo que afecte al Bien Jurídico protegido. El **"dar positivo"** en una prueba evidencial de intoxicación etílica no provoca **"*per se*"** la afección al bien jurídico, se exige para que la conducta sea típica que esta intoxicación afecte a **"las facultades de conducción"** Sin perjuicio que dicha tasa de alcohol sea sancionable por la vía administrativa.

En este sentido, la **Audiencia Provincial de Madrid, sec. 29ª (9-9-2010) nº 249/2010**, establece caracteres del tipo del art. 379.2 CP, tras la reforma operada a través de la Ley Orgánica 15/2007.

**1º)** La conducción de un vehículo de motor o ciclomotor bajo la influencia de drogas tóxicas, estupefacientes, sustancias psicotrópicas o de bebidas alcohólicas, coincidente con el que antes de la reforma constituía la única conducta penalmente relevante. Tipo que requiere la concurrencia y acreditación de:

**a)** Un **elemento objetivo es** la ingestión de bebidas alcohólicas en cantidad superior a la legalmente autorizada pero inferior a los 0,60 miligramos por litro de aire espirado.

**b)** de otro **subjetivo** o el influjo de aquella ingesta alcohólica en las facultades físicas y psíquicas, de percepción, de reacción de autocontrol, etc., de manera que el conductor se encuentre bajo la influencia de esa ingesta, como se recoge en reiterada **Jurisprudencia del Tribunal Supremo (entre otras muchas la de 17 de noviembre de 1.980 y la de 22 de febrero de 1.991).**

**2)** La conducción de un vehículo de motor o ciclomotor con una tasa superior a 0' 60 miligramos de alcohol por litro de aire espirado, (" en todo caso, será condenado...") el cual requiere la concurrencia y acreditación en juicio de las siguientes exigencias típicas:

**a)** Un acto de conducción de un vehículo de motor o ciclomotor por vía de circulación pública.

**b)** La ingesta previa de alcohol en un índice superior a 0'60 miligramos de alcohol por litro de aire expirado, sin que sea preciso, pues, que la ingesta previa de alcohol halle reflejo en la conducción del vehículo como sucede en el primer tipo antes analizado ("bajo la influencia de...") bastando, pues, para la relevancia penal de la conducta que se supere aquella tasa de alcohol ("en todo caso"), sin que ante la claridad de la voluntad del legislador plasmada en la ley pueda el Juez, sin que el tenor literal lo permita ("en todo caso"), obviar aquella voluntad con una interpretación pro reo que no halla sustento en ninguno de los criterios hermenéuticos legales (literal, histórico, sistemático o teleológico). **(SAP Barcelona sec. 3ª, S 24-10-2008, núm. 817/2008).** Con **este nuevo tipo se viene a establecer una presunción "iuris et de iure",** que **no admite prueba en contrario**, de manera que únicamente deberá acreditarse por parte de la acusación que el sujeto conducía con una tasa de alcohol superior a 0,60 miligramos de alcohol por litro de aire espirado, equivalente a 1'2 gramos de alcohol por litro de sangre, para estimar consumada la infracción penal. La tradicional comprobación de conducir bajo la influencia de bebidas alcohólicas, solo será necesario para tasas inferiores (art. 379. 2 primer inciso del Código Penal).

Así las cosas, como dice la **SAP Girona sec. 4ª, S 6-5-2008, núm. 250/2008**, en el tipo del inciso final de este segundo párrafo del art. 379. 2 del Código Penal, la tasa de alcoholemia deja de ser un dato probatorio para convertirse en el elemento del tipo y ya no es necesario acreditar ni los signos de la embriaguez, ni la conducción irregular, ni ningún otro dato relacionado con la influencia alcohólica, lo que es acorde con el hecho de que en el Preámbulo de la Ley Orgánica 15/2007 se señale que la reforma sobre los delitos contra la seguridad vial tiene como contenido básico, entre otros, incrementar el control sobre el riesgo tolerable por la vía de la expresa previsión de niveles de ingesta alcohólica que se han de tener como peligrosos.

# 5. TASAS DE ALCOHOLEMIA EN ESPAÑA: REGULACIÓN Y FUTURAS MODIFICACIONES

El consumo de alcohol afecta significativamente las capacidades psicomotrices de los conductores, alterando la percepción, el tiempo de reacción y el juicio, lo que incrementa notablemente el riesgo de accidentes de tráfico. Con el fin de garantizar la seguridad vial, la legislación española establece límites claros sobre las tasas de alcoholemia permitidas al volante. Estas normas se encuentran reguladas en el **Artículo 20 del Real Decreto 1428/2003 de 21 de noviembre por el que se aprueba el Reglamento General de Circulación (RGC)** y en el **Artículo 14 del Real Decreto Legislativo 6/2015 de 30 de octubre, por el que se aprueba el Texto Refundido de la Ley de Tráfico, Circulación de Vehículos a Motor y Seguridad Vial (LSV).**

## 5.1. Procesos del alcohol en el organismo

Tras su ingestión, el alcohol (etanol) sigue un proceso en el organismo que se divide en cuatro fases:

| FASES |
|---|

- **Absorción:**

- El alcohol no es transformado por los jugos digestivos, como ocurre con los alimentos.

- Se absorbe rápidamente en el torrente sanguíneo, especialmente cuando se ingiere en ayunas.

- **Distribución:**

- Al ser una sustancia hidrosoluble, su distribución en el organismo es rápida y está relacionada con el contenido de agua de los distintos fluidos biológicos.

- **Metabolización:**

- La mayor parte del alcohol ingerido es metabolizado en el hígado mediante procesos químicos que permiten su eliminación.

- **Eliminación:**

- Entre el 2% y el 10% del alcohol en sangre se excreta sin metabolizar a través de la orina, el sudor y el aire espirado.

- Existe una correlación entre los niveles de alcohol en sangre y en orina de 1,14.

- Aunque la orina es una muestra estable y fácil de obtener, su uso como prueba principal para determinar la impregnación alcohólica es poco común, aunque sí está contemplada como alternativa al análisis de sangre en la legislación vigente.

## 5.2. Factores que influyen en la tasa de alcoholemia

La concentración de alcohol en sangre no es constante y varía según diversos factores (influyen en la tasa de alcoholemia y la velocidad con la que se alcanza) tanto entre individuos distintos como en la misma persona en momentos diferentes. Entre los más relevantes se encuentran:

- **Cantidad de alcohol consumido:** Cuanto mayor sea la cantidad de alcohol ingerido, mayor será la concentración de alcohol en sangre.

- **Metabolismo:** El peso y el metabolismo de cada persona afectan la manera en que el cuerpo procesa el alcohol. Algunas personas metabolizan el alcohol más rápidamente que otras debido a factores genéticos y enzimáticos.

- **Peso corporal:** Las personas con mayor peso suelen tener una mayor cantidad de agua en el cuerpo, lo que permite diluir el alcohol y reducir la tasa de alcoholemia.

- **Tolerancia al alcohol:** Aquellos que consumen alcohol con regularidad pueden desarrollar cierta tolerancia, lo que les permite mantener una mayor tasa de alcoholemia sin experimentar efectos notables.

- **Tipo de bebida alcohólica:** Las bebidas destiladas con mayor contenido de alcohol aumentan rápidamente la tasa de alcoholemia en comparación con las fermentadas como la cerveza o el vino.

- **Rapidez con la que se ingiere la bebida:** Beber rápidamente provoca una concentración más alta de alcohol en sangre en un corto periodo de tiempo.

- **Características del alcohol consumido:** El alcohol tomado junto con bebidas gaseosas o caliente favorece una rápida aparición de la alcoholemia.

- **Tener el estómago vacío o lleno:** Un estómago lleno ralentiza la absorción del alcohol, mientras que uno vacío acelera el proceso.

- **Edad y experiencia en la conducción:** Los menores de 18 años y mayores de 65 son más sensibles a los efectos del alcohol. Además, los conductores noveles tienen mayor riesgo, por lo que se les permite una tasa de alcoholemia menor.

- **Género:** Las mujeres tienen mayor porcentaje de grasa y menos agua corporal, lo que hace que la tasa de alcoholemia sea más alta en comparación con los hombres al consumir la misma cantidad de alcohol.

- **Hora del día:** Durante las horas de sueño, la eliminación del alcohol es más lenta, lo que puede provocar que una persona continúe bajo sus efectos al despertar.

- **Circunstancias personales:** Factores como la fatiga, ansiedad, estrés o enfermedades pueden influir en la alcoholemia y sus efectos.

- **Estado físico:** Problemas hepáticos, enfermedades o debilitamiento pueden alterar la metabolización del alcohol y potenciar sus efectos.

Es importante recordar que la tasa de alcohol más segura para conducir es 0,0 g/L. Si se planea beber, se recomienda hacerlo con moderación y espaciar el consumo con bebidas no alcohólicas.

## 5.3. Consecuencias de mezclar alcohol con otras sustancias al conducir

El consumo de alcohol en combinación con medicamentos o drogas puede generar efectos adversos graves y aumentar exponencialmente el riesgo de accidentes. Esta mezcla puede potenciar los efectos del alcohol y las sustancias ingeridas, afectando la percepción, atención, memoria y reflejos.

El problema principal de estas combinaciones es que muchas veces se realizan de forma inconsciente o imprudente, ya sea por desconocimiento de los efectos o por la presión social.

## 5.4. Duración del efecto el alcohol en el organismo

La duración del alcohol en el cuerpo depende de varios factores, incluyendo la cantidad consumida y el metabolismo individual. Algunas pautas generales son:

- **Absorción y pico de concentración:** El alcohol comienza a detectarse en sangre a los 5 minutos de su ingesta y alcanza su pico entre 30 y 120 minutos.

- **Metabolismo:** El cuerpo elimina el alcohol a una velocidad aproximada de 0.15 g/L por hora.

- **Duración de los efectos:** La euforia y relajación pueden sentirse a los 10-30 minutos, pero la resaca puede durar varias horas.

- **Tolerancia y sensibilidad:** Las personas con mayor tolerancia pueden no notar los efectos inmediatos, mientras que otras pueden ser más sensibles.

- **Duración legal para conducir:** Aunque los efectos disminuyan, la concentración de alcohol en sangre puede permanecer por encima del límite legal durante varias horas

Una persona con una alcoholemia de 1 g/L puede tardar entre 6 y 10 horas en bajar a niveles permitidos. No obstante, incluso por debajo del límite legal, el riesgo de accidente sigue siendo elevado. La única tasa realmente segura para conducir es 0,0 g/L.

## 5.5. Efectos generales del alcohol en los conductores

En lo concerniente a la seguridad vial, el alcohol afecta al sistema nervioso, puesto que de ello dependen las modificaciones en las actitudes y comportamientos del conductor.

El alcohol tiene efectos importantes en los conductores, pudiendo comprometer seriamente su ingesta a la capacidad para conducir un vehículo de manera segura. En el momento que el alcohol se absorbe en el torrente sanguíneo y afecta el sistema nervioso central, se producen una serie de cambios que pueden poner en peligro la seguridad vial.

Todos los estudios y datos coinciden en que el alcohol es probablemente el mayor factor de riesgo en la conducción. Son tantos los efectos negativos del alcohol en el comportamiento y en las capacidades psicofísicas de los conductores que resulta difícil enumerarlos todos. A continuación, se presenta una síntesis de los más importantes, ordenados por áreas:

### a) Incremento de las infracciones

Se encontró una mayor presencia de alcohol en sangre en aquellos conductores que han cometido infracciones o han provocado un accidente, en comparación con el resto de los conductores. Las infracciones más comunes que se dan en la conducción bajo los efectos del alcohol se encuentran son: velocidad inadecuada, salirse de la zona de circulación, circular en dirección contraria, señalización incorrecta de las maniobras, conducción errática o adelantamientos inadecuados.

### b) Alteraciones en el comportamiento y la toma de decisiones

La euforia inducida por el alcohol hace que el conductor no evalúe sus efectos sobre su capacidad de rendimiento. Disminuye la percepción del riesgo, lo que provoca decisiones más peligrosas de lo habitual, como el exceso de velocidad, adelantamientos temerarios e ignorar las señales de tráfico.

### c) Trastornos motrices

El alcohol puede provocar descoordinación motora, trastornos del equilibrio, disminución de la recuperación y del rendimiento muscular, afectando los movimientos precisos requeridos para la conducción. Esto puede generar dificultades para controlar el volante, mantener una velocidad constante y cambiar de carril de manera segura.

### d) Aumento del tiempo de reacción y frenada

Esta es una de las alteraciones más graves que sufre el conductor bajo los efectos del alcohol. El alcohol ralentiza el tiempo de reacción, lo que significa que los conductores ebrios pueden tardar más en responder a situaciones de tráfico repentinas, como la aparición de un peatón o un vehículo detenido inesperadamente.Por ejemplo, a 90 km/h con una tasa de alcoholemia de 0,0 g/l, la distancia recorrida durante el tiempo de reacción es de unos 18 metros. Con una tasa de 0,5 g/l, se recorren 12 metros más.

### e) Dificultad para mantener la concentración

El alcohol puede provocar falta de concentración y somnolencia, disminuyendo la capacidad del conductor para mantenerse alerta durante largos períodos de tiempo.

### f) Aumento del riesgo de accidentes

Todos estos efectos combinados incrementan significativamente el riesgo de sufrir accidentes de tráfico. Los conductores ebrios tienen más probabilidades de involucrarse en colisiones y causar daños personales y materiales. La mejor forma de prevenir accidentes y garantizar la seguridad vial es abstenerse completamente de conducir después de haber consumido alcohol.

### g) Disfunciones sensoriales

El alcohol afecta a todas las funciones sensoriales, especialmente a la vista. Provoca alteraciones como interferencia en la visión binocular, dificultad para medir distancias y velocidades, reducción de la visión periférica, dificultad para la concentración visual y, en algunos casos, visión doble. También interfiere con la adaptación ocular a los cambios de luz y deslumbramientos, dificultando la detección de peatones, ciclistas y otros vehículos en la carretera.

### h) Alteraciones en la coordinación

La conducción requiere una coordinación precisa entre órganos sensoriales y motrices, como ojos, manos y pies. El alcohol altera esta coordinación incluso con cantidades moderadas en sangre.

### i) Distracción y falta de atención

Los conductores bajo los efectos del alcohol pueden tener dificultades para mantener la atención en la carretera y en las señales de tráfico, lo que incrementa la probabilidad de cometer errores y no respetar las normas viales.

### j) Perturbaciones en el campo perceptivo

El alcohol puede alterar la percepción sensorial, dificultando el reconocimiento de señales y otros vehículos. Se ve especialmente afectada la percepción de la distancia y la velocidad propia y ajena.

### k) Dificultad para juzgar distancias y velocidades

El alcohol afecta la capacidad del conductor para evaluar correctamente la distancia entre vehículos y la velocidad de otros usuarios de la vía, lo que aumenta el riesgo de colisiones.

### m) Depresión general

El alcohol es un depresor del sistema nervioso, por lo que su consumo puede generar cansancio, somnolencia y fatiga muscular y sensorial de forma prematura.

Dado todo lo expuesto, no es de extrañar el elevado porcentaje de accidentes en los que está implicado el alcohol. Si la conducción ya implica riesgos en condiciones normales, es fácil imaginar el peligro de hacerlo bajo los efectos del alcohol.

## 5.6. Regulación actual sobre tasas de alcoholemia

La regulación de las tasas de alcoholemia viene establecido en el RGCir expresando lo siguiente:

### Artículo 20. Tasas de alcohol en sangre y aire espirado.

*No podrán circular por las vías objeto de la legislación sobre tráfico, circulación de vehículos a motor y seguridad vial los conductores de vehículos ni los conductores de bicicletas con una tasa de alcohol en sangre superior a 0,5 gramos por litro, o de alcohol en aire espirado superior a 0,25 miligramos por litro.*

*Cuando se trate de vehículos destinados al transporte de mercancías con una masa máxima autorizada superior a 3.500 kilogramos, vehículos destinados al transporte de viajeros de más de nueve plazas, o de servicio público, al transporte escolar y de menores, al de mercancías peligrosas o de servicio de urgencia o transportes especiales, los conductores no podrán hacerlo con una tasa de alcohol en sangre superior a 0,3 gramos por litro, o de alcohol en aire espirado superior a 0,15 miligramos por litro.*

*Los conductores de cualquier vehículo no podrán superar la tasa de alcohol en sangre de 0,3 gramos por litro ni de alcohol en aire espirado de 0,15 miligramos por litro durante los dos años siguientes a la obtención del permiso o licencia que les habilita para conducir.*

*A estos efectos, sólo se computará la antigüedad de la licencia de conducción cuando se trate de la conducción de vehículos para los que sea suficiente dicha licencia.*

Básicamente, según el **Art. 20 del RGCir**, hay dos grandes grupos en cuanto a las tasas máximas permitidas;estos son, los de carácter general y lo que según unas determinadas características de vehículo y/o conductor tienen una tasa más restrictiva, las cuales pasamos a comentar.

### 5.6.1. Tasas de alcoholemia para conductores en general

Es innegable que el alcohol afecta en sobremanera las capacidades de un conductor al volante. Incluso aunque el conductor haya ingerido pequeñas cantidades (puede ser suficiente para alcanzar estos límites, dependiendo del metabolismo, peso y cantidad ingerida por el conductor como hemos estudiado con anterioridad), puede alterar la percepción del mismo, su tiempo de reacción y juicio. Por eso, el Artículo 20 del RGCir establece límites claros para proteger a todos los usuarios de la vía.

Los conductores de vehículos a motor y los ciclistas deben respetar los siguientes límites:

·    **Alcohol en sangre:** 0,5 gramos por litro.

·    **Alcohol en aire espirado**: 0,25 miligramos por litro.

### 5.6.2. Tasas de alcoholemia para conductores con restricciones especiales

Existen categorías de conductores con límites más estrictos debido a la mayor responsabilidad que implica su actividad o situación específica. Los siguientes conductores no pueden superar:

- **Alcohol en sangre**: 0,3 gramos por litro.

- **Alcohol en aire espirado**: 0,15 miligramos por litro.

Estos límites aplican a:

**A**. **Conductores de vehículos destinados al transporte de mercancías con una Masa Máxima Autorizada (MMA) superior a 3.500 kg** (excepto vehículos especiales agrícolas y vehículos especiales que no se encuentren en régimen de transporte especial).

**B. Vehículos en régimen de transportes especiales**, como cargas indivisibles con autorización especial y vehículos de obras y servicios.

**C. Conductores de vehículos que transportan mercancías peligrosas** con necesidad de autorización especial.

**D. Conductores de vehículos destinados al transporte de viajeros con capacidad para más de 9 personas** (autobuses, trenes turísticos, trolebuses).

**E. Conductores de servicio público de viajeros, como taxis y vehículos de alquiler con conductor.**

**F. Conductores de transporte escolar y de menores** (taxis y autobuses habilitados para este fin).

**G. Conductores de vehículos de servicios de urgencia, como ambulancias, bomberos, policía y protección civil.**

**H. Conductores noveles**, es decir, aquellos que <u>se encuentran dentro de los dos primeros años desde la obtención del permiso de conducir</u>. En este caso, la antigüedad de la licencia sólo computa si el permiso es el adecuado para el vehículo que se conduce.

Es importante destacar que los peatones y otros usuarios de la vía que no sean conductores no están sujetos a tasas de alcoholemia salvo que su estado influya en responsabilidades penales y/o civiles.

## 5.7. Relación con la legislación de tráfico y sanciones

El **artículo 14 LSV** establece la obligatoriedad de someterse a pruebas de alcoholemia a los conductores implicados en siniestros viales o cuando haya indicios de intoxicación etílica. Asimismo, el Título V de la misma ley regula el régimen sancionador y las infracciones por superar los límites de alcoholemia.

Las sanciones varían según la tasa detectada:

| Sanciones |
|---|
| - **De 0,25 a 0,50 mg/l en aire espirado**: Multa de hasta 1.000 € y pérdida de 4 a 6 puntos del permiso de conducir. |
| - **Superior a 0,50 mg/l en aire espirado**: Multa de hasta 1.000 € y pérdida de 6 puntos del permiso de conducir. |
| - **Superior a 0,60 mg/l en aire espirado o reincidencia**: Considerado delito contra la seguridad vial (Art. 379 del Código Penal), con penas de hasta 6 meses de prisión, retirada del permiso de conducir de hasta 4 años y trabajos en beneficio de la comunidad. |

| Interpretación de las tasas |
|---|

- Si **se proporcionan dos tasas**, se <u>tomará la más baja en beneficio del conductor</u>.

- Si **solo se da una tasa**, se <u>asumirá que es la menor de las dos posibles</u>.

- En caso de que no se especifique **si la tasa tiene aplicados los márgenes de error (EMP)**, se deberá dejar <u>constancia de su posible aplicación, eligiendo la interpretación más favorable</u>.

- Si la **tasa está muy ajustada al límite** (por ejemplo, 0,26 o 0,61 mg/l), se puede suponer que el Tribunal considera que no hay infracción o delito.

- Si la **tasa es significativamente superior al límite permitido** (0,29 o 0,65 mg/l), la <u>aplicación del margen de error no afectará al resultado de la infracción</u>.

## 5.8. Modificacion de las tasas de alcoholemia previstas en 2025

En octubre de 2024, el Congreso aprobó una proposición no de ley para reducir las tasas máximas de alcoholemia permitidas mediante una modificación del Artículo 20 RGCir. Aunque aún no hay fecha oficial de entrada en vigor, se prevé que la nueva normativa sea aplicable a lo largo de 2025.

A continuación se hace mediante el siguiente cuadro, de las tasas de alcoholemia que presumiblemente entrará en vigor durante este año.

| Conductores con tasa de referencia de 0,15 mg/l aire espirado | | |
|---|---|---|
| Valor arrojado por etilómetro (mg/l aire espirado) | Sanción | Puntos a detraer |
| Hasta 0,18 | No procede denuncia | - |
| Entre 0,19 y 0,30 | 500 euros (1) | 4 |
| Más de 0,30 | 1000 euros | 6 |
| Conductores con tasa de referencia de 0,25 mg/l aire espirado | | |
| Valor arrojado por etilómetro (mg/l aire espirado) | Sanción | Puntos a detraer |
| Hasta 0,28 | No procede denuncia | - |
| Entre 0,29 y 0,50 | 500 euros (1) | 4 |
| Más de 0,50 | 1000 euros | 6 |

Esta reducción representa un endurecimiento de la normativa, acercándose a la política de "tolerancia cero" vigente en otros países europeos como la República Checa, Hungría y Eslovaquia, donde cualquier cantidad de alcohol en sangre está prohibida para la conducción.

## 5.9. Delimitación entre responsabilidad penal y administrativa

La responsabilidad que se asume por la conducción bajo los efectos del alcohol depende de si se trata de una **infracción penal** o **administrativa**, según el tipo de infracción cometida.

| Sanciones |
|---|
| • **Infracción Penal**: |
| - El **Código Penal, artículo 379**, establece que la conducción bajo los efectos del alcohol pone en peligro la seguridad vial, ya que la capacidad psicomotriz del conductor se ve alterada. A partir de una tasa de **0,60 mg/l**, se considera que el conductor se justifica una sanción penal. |
| • **Infracción Administrativa**: |
| - El **Reglamento General de Circulación, artículo 20** prohíbe circular con tasas superiores a las establecidas reglamentariamente, y el artículo 28.1.3 establece que la presencia de síntomas evidentes de intoxicación alcohólica obliga a realizar pruebas. La infracción administrativa conlleva sanciones menos severas que la penal, tales como una multa y la pérdida de puntos en el permiso de conducir. Sin embargo, la tasa de alcohol es menor que la exigida para la responsabilidad penal. |

- En las infracciones administrativas, la capacidad psicofísica del conductor puede estar atenuada, pero no se requiere que se demuestre que esta afectó la seguridad vial. La **sentencia de la Audiencia Provincial de Santa Cruz de Tenerife (5 de mayo de 2006)** señaló que una simple infracción administrativa basada en la tasa de alcohol no requiere probar que hubo influencia negativa en la conducción.

2. **Inmovilización del Vehículo**:

- En ambos casos (administrativa y penal), el vehículo será inmovilizado si el conductor se niega a realizar las pruebas o si estas dan positivo, según el **artículo 104 de la Ley de Tráfico y Seguridad Vial (Ley 6/2015)**.

3. **Influencia de la Jurisdicción Penal**:

- Según la **Sentencia del Tribunal Superior de Justicia de Valencia (14 de diciembre de 1998)**, se establece la prevalencia de la jurisdicción penal. Esto significa que el procedimiento administrativo debe mantenerse en suspenso hasta que se resuelva el procedimiento penal. Si se dicta una sentencia absolutoria en el ámbito penal, el procedimiento administrativo puede continuar.

## 5.10. Jurisprudencia

### 5.10.1. Consideración del test de alcoholemia.

- **Valor del test de alcoholemia en el proceso penal**

**Valor de mera denuncia (STC 31/1981):**

Según el artículo 297 de la Ley de Enjuiciamiento Criminal (LECrim), el test de alcoholemia no tiene valor probatorio por sí solo. Se considera una denuncia que requiere ratificación en el juicio oral mediante la declaración testifical de los agentes que lo practicaron.

**Prueba preconstituida (STC 173/97):**

Dado el carácter irrepetible de los resultados del test de alcoholemia, el atestado policial que lo recoge adquiere los efectos de prueba preconstituida

**Datos del test de alcoholemia (STC 134/2007)**

Tienen naturaleza objetiva, por lo que no pueden reproducirse en el juicio oral. Por ello, el juez no puede fundamentar una condena únicamente en el test si este no se realizó conforme a las formalidades legales.

No es suficiente con la simple lectura del atestado policial que contiene el resultado del test. Los Agentes tienen que ratificar la prueba realizada en el juicio oral

- **Naturaleza jurídica del test de alcoholemia**

**Diligencias de prevención e investigación (Art. 356 LECrim)**

Se considera una diligencia de prevención para comprobar la existencia de un cuerpo de delito.

El artículo 356 LECrim establece que los análisis químicos deben ser practicados por expertos en Medicina, Farmacia, Ciencias Fisicoquímicas o Ingeniería Química.

También participa de la naturaleza de prueba pericial, pues verifica hechos criminales y permite la adopción de medidas cautelares para evitar delitos, garantizar la disposición judicial del presunto responsable y asegurar responsabilidades civiles.

- **Obligación de someterse a la prueba de alcoholemia**

## No supone autoincriminación (STC 161/1997 Y STC 234/1997)

Las pruebas de detección (aire espirado, extracción de sangre, análisis de orina o examen médico) no buscan obtener confesiones ni interpretaciones del sujeto, sino determinar un resultado objetivo.

No existe un derecho a negarse a estas pruebas, sino la obligación de someterse a ellas.

- **La prueba de alcoholemia no equivale a detención preventiva**

## No supone la privación de libertad (STC 107/85)

Someterse a una prueba de alcoholemia no implica una detención preventiva en el sentido del artículo 17.3 CE. La detención solo se produce cuando hay una privación provisional de libertad por la presunta comisión de un delito, lo que no ocurre en el mero requerimiento para la prueba de alcoholemia.

## 5.10.2. Ámbito de aplicación de la tipología penal en la Ley de Seguridad Vial.

### Limitación del ámbito de aplicación por el Tribunal Supremo

El Tribunal Supremo establece que la infracción por conducción bajo los efectos del alcohol solo se aplica en **zonas estrictamente privadas**, quedando incluidas en la normativa todas aquellas vías y terrenos que sean de uso público o accesibles por una colectividad.

### Vías públicas y privadas de uso público o colectivo (SAP Vizcaya 23-01-2004)

Esta sentencia se basa en el Art. 1 del RGCir que regula tanto las vías y terrenos públicos así como los caminos y terrenos privados destinados a uso público, con independencia de su titularidad. Esto quiere decir, que el concepto de vía pública abarca no sólo carreteras convencionales sino también aquellos espacio que estén destinados al uso de un número indeterminado de personas, **aunque sea de titularidad privada**.

### Casos específicos donde es de aplicación el tipo penal

### Camino de acceso a establecimiento público (SAP Ciudad Real, 10/04/2001)

Se considera un **lugar idóneo** para la aplicación de la norma, ya que cualquier persona puede acceder a pie o en vehículo, quedando expuesta al peligro que se trata de prevenir.

### Entrada peatonal a garaje <mark>(SAP Madrid, 11/05/2004)</mark>

Se sanciona a un conductor que se quedó dormido al volante bajo los efectos del alcohol, pues el peligro **no desaparece por estar en una zona privada**, ya que otras personas y vehículos pueden verse afectados.

### Aparcamiento <mark>(SAP Tarragona, 13/01/2009)</mark>

Se comete el delito del **artículo 379.2. CP** dentro de un aparcamiento, **incluso si el espacio es reducido**, ya que existe un riesgo relevante de causar daños personales y materiales.

### Parking subterráneo <mark>(SAP La Coruña, 09/10/2000)</mark>

La conducción en **un parking subterráneo** entra dentro del ámbito penal, ya que la Ley de Seguridad Vial se aplica a **vías públicas, terrenos aptos para la circulación y espacios de uso común**.

### Maniobras en garaje comunitario <mark>(SAP Madrid, 27/10/2005)</mark>

Se considera conducción las maniobras para desaparecer, pues el garaje es **una zona común donde otros vecinos estacionan y pueden estar en riesgo**.

En este caso, el conductor en estado de embriaguez chocó contra otro vehículo estacionado y posteriormente contra una pared.

**Protección del bien jurídico** (SAP Asturias, 26/12/2003)

La seguridad del tráfico **protege la vida, la salud y el patrimonio de las personas**.

No tiene sentido restringir la aplicación del tipo penal solo a vías públicas, pues también deben **protegerse los espacios privados donde pueda existir un riesgo real**.

**Para finalizar este apartado, decir que el concepto de "vía pública" no se limita a carreteras convencionales**, sino que incluye cualquier espacio accesible por una colectividad indeterminada.

**Se considera conducción cualquier movimiento del vehículo que pueda suponer un riesgo**, incluso dentro de aparcamientos o garajes comunitarios.

**No es necesario que la legislación de tráfico rija en el lugar de los hechos para que se aplique el delito del artículo 379 CP**, siempre que exista peligro para terceros.

### 5.10.3. Obligación de someterse a las pruebas de alcoholemia.

- **Obligación de someterse a la prueba**

**STC 161/97 (2 de octubre) y STC 234/97 (18 de diciembre):** Las pruebas de detección de alcohol en aire espirado, extracción de sangre, análisis de orina o examen médico no constituyen actos dirigidos a obtener una confesión del sujeto ni suponen una autoincriminación. Son pericias de resultado incierto que el afectado está obligado a soportar.

**STC 103/85**: El sometimiento a la prueba de alcoholemia no vulnera el derecho a no declarar contra sí mismo ni a no confesarse culpable. No se le obliga a admitir su culpabilidad, sino simplemente a permitir la realización de una prueba técnica.

**STC 107/85:** La prueba de alcoholemia no supone una declaración autoincriminatoria del afectado, sino una pericia técnica para garantizar la seguridad vial.

**STC 22/88:** La realización de la prueba no requiere la asistencia de un letrado. La presencia del afectado en dependencias policiales para la práctica de la prueba no equivale a una privación de libertad, aunque pueda suponer molestias o una inmovilización temporal.

- **Circunstancias que obligan a la prueba**

La ley y el Reglamento General de Circulación establecen diversos supuestos en los que un conductor está obligado a someterse a la prueba de alcoholemia:

- Si presenta síntomas evidentes de estar bajo los efectos del alcohol.

- Si existen manifestaciones o hechos que permitan presumir razonablemente que conduce bajo la influencia del alcohol.

- Si ha cometido infracciones reglamentarias de tráfico.

    En este caso concreto, el conductor circulaba en zigzag, lo que justificaba la realización de la prueba.

**Controles preventivos y derechos constitucionales STC 107/85**

La prueba de alcoholemia, incluso en controles preventivos sin indicios previos de infracción, es un sometimiento legítimo a las normas de policía, orientado a garantizar la seguridad vial.

No se requiere que haya una infracción previa para realizar estos controles, ya que el bien jurídico protegido es la seguridad del tráfico en un sentido abstracto y no es necesario que se haya producido un daño o lesión.

En definitiva, todos los conductores están obligados a someterse a las pruebas de alcoholemia en los supuestos establecidos por la ley. Negarse a realizar la prueba constituye una infracción administrativa o incluso un delito **(Art. 383 CP)**. Las pruebas de alcoholemia no vulneran derechos constitucionales como el derecho a no declarar contra sí mismo o el derecho a asistencia letrada.

- **Pruebas de alcoholemia en lugar distinto al de los hechos**

Los conductores tienen la obligación de realizar las pruebas de alcoholemia en condiciones que respeten su libertad personal, sin imposiciones indebidas. En el caso que el sometimiento a la prueba requiera un traslado forzoso a dependencias policiales, el conductor puede negarse legítimamente, sin que ello suponga una comisión de un delito de desobediencia.

En este sentido se establecieron sentencias como las siguientes:

- Un conductor, cuyo vehículo ya estaba estacionado, se negó a acudir a dependencias policiales para la realización de la prueba. Se consideró que **no podía ser obligado** a soportar un traslado forzoso solo para realizar el test de alcoholemia. Se declaró **legítima la negativa**, ya que la prueba debió practicarse en el lugar de los hechos. **(SAP Almería 29/01/2001)**

- Un conductor se negó a acudir a la Jefatura de la Policía Local para someterse a la prueba, ya que el etilómetro portátil estaba averiado. Se consideró que **el ciudadano sólo está obligado a someterse a la prueba si se le facilitan los medios sin menoscabo de su libertad personal. El traslado a dependencias policiales no puede**

**ser forzado**, y la negativa en esas circunstancias **no constituye desobediencia. (SAP Córdoba 38/2000)**

## Legalidad del traslado a dependencias policiales para realizar la prueba de alcohol

En oposición a lo anterior, otras sentencias han dado por bueno **la legitimidad del traslado de una persona a dependencias policiales para someterla a la prueba de alcoholemia**, siempre que sea dentro de la esfera legal. Por lo que vamos hablar de algunas de ellas a continuación:

- Se estableció que **no existe norma que obligue a realizar la prueba sólo en el lugar de los hechos**. La policía, al comprobar **indicios de un posible delito de conducción bajo los efectos del alcohol**, puede proceder a la **detención del conductor** y a su traslado a dependencias policiales. En este caso, el acusado fue informado de sus derechos antes de la prueba, por lo que **se consideró válido su traslado (SAP Madrid (15/12/2006)**

- Se reconoce la legalidad de los **controles preventivos de alcoholemia** y, en determinados casos, **el traslado del conductor a dependencias policiales**, siempre que se respeten las garantías legales. (**STC 252/1994 (Tribunal Constitucional))**

- Esta sentencia establece que, **cuando hay indicios de un delito**, los agentes pueden actuar conforme al **artículo 492 de la LECrim**, procediendo a la detención y a la realización de diligencias necesarias, incluyendo la prueba de alcoholemia en dependencias policiales.(**SAP Madrid (15/12/2006)**

**Criterios indispensables a la hora de efectuar la prueba de alcoholemia**

- Un conductor no puede ser obligado a desplazarse a dependencias policiales si la prueba puede realizarse en el lugar de los hechos.

- Sin embargo si existen indicios claros de delito y la policía actúa conforme a lo establecido en el Art. 492 LECrim, el traslado en sí, es legítimo.

- Del mismo modo la prueba será validada si el conductor ha sido informado de sus derechos y de las consecuencias de su negativa.

- Por otro lado, la prueba puede ser objeto de impugnación, si la defensa del conductor basa su argumentación en la falta de proporcionalidad en el traslado o la ausencia de base legal para la detención, si no se respetaron las garantías legales.

# CAPÍTULO II

## EL ETILÓMETRO Y LA CURVA DE WIDMARK

# 6. EL INSTRUMENTO DE VERIFICACIÓN DE LAS TASAS DE ALCOHOL "EL ETILÓMETRO"

El **etilómetro** es un dispositivo utilizado para medir la concentración de alcohol en el aire espirado, lo cual, a su vez, permite estimar el nivel de alcohol en sangre del conductor. Este instrumento tiene un papel muy importante respecto a los controles de alcoholemia realizados por los agentes de la autoridad, y su utilización está respaldada por normativas técnicas y jurídicas que aseguran la fiabilidad de los resultados obtenidos.

Su funcionamiento está basado en los principios científicos configurados en la Ley de Henry. Esta ley indica que, cuando una solución acuosa que contiene un componente volátil alcanza un estado de equilibrio con el aire, existe una proporción fija entre la concentración de dicho componente en la solución y en el aire, siempre que la temperatura se mantenga constante.

Aplicando este principio al cuerpo humano, se ha demostrado que la proporción de alcohol presente en la sangre y en el aire exhalado guarda una relación constante, de manera similar a como ocurre en una solución acuosa. Esto significa que la cantidad de alcohol disuelta en la sangre que irriga los pulmones se refleja de manera proporcional en el aliento expulsado, permitiendo así su medición indirecta mediante un etilómetro.

Göran Liljestrand y Paul Linde, farmacólogos suecos realizaron un estudio en el que demostraron la relación existente entre la concentración de alcohol en la sangre y en el aire espirado. Según sus investigaciones, dos litros de aire exhalado a una temperatura de 34°C contienen aproximadamente la misma cantidad de alcohol que un centímetro cúbico de sangre. Basándose en este descubrimiento, se estableció un coeficiente de conversión ampliamente aceptado, según el cual la relación entre el alcohol en la sangre y el alcohol en el aire alveolar es de 2000 a 1. Es decir, la cantidad de alcohol contenida en dos litros de aire expulsado desde la parte más profunda de los pulmones equivale a la cantidad presente en un mililitro de sangre.

Durante muchos años, la falta de un método rápido y fiable para determinar el grado de intoxicación alcohólica representó un problema en la seguridad vial y en otros ámbitos. Sin embargo, en 1953, la empresa alemana Dräger revolucionó este campo con la introducción del tubo de control "Alcotest", un dispositivo pionero que permitía detectar la presencia de alcohol en el aire espirado de forma sencilla y rápida. Esta innovación sentó las bases para el desarrollo de tecnologías más avanzadas en la detección de alcohol mediante sensores electrónicos, capaces de ofrecer resultados con la precisión suficiente para ser utilizados como pruebas legales en distintos procedimientos, especialmente en la legislación de tráfico en países como Alemania.

Gracias a la constante investigación y desarrollo en este campo, los etilómetros modernos han evolucionado hasta convertirse en herramientas de gran precisión y fiabilidad. Su uso ha permitido mejorar el control del consumo de alcohol en la conducción, facilitando con ello la reducción de accidentes y a la seguridad vial en general.

## 6.1. El Valor de la Prueba Indiciaria

El Tribunal Constitucional y la Sala II del Tribunal Supremo han determinado que el **derecho a la presunción de inocencia** no impide que un procedimiento penal se base en **pruebas indiciarias**, siempre que se cumplan ciertos requisitos. La **prueba indiciaria** puede ser utilizada como medio de prueba en un juicio penal, pero para que sea válida, debe cumplir con las siguientes condiciones:

---

**Acreditación plena de los hechos base o indicios**: Los indicios deben ser claros, no meras sospechas. No basta con suposiciones, sino que deben estar respaldados por pruebas concretas.

**Explicación del razonamiento judicial**: El tribunal debe explicar de forma clara cómo ha llegado a la convicción sobre la comisión del hecho punible, basándose en los indicios.

---

Para que la **prueba indiciaria** sea válida, debe cumplir con los siguientes criterios adicionales:

---

**Acreditación de los indicios**: Los indicios deben estar acreditados en su plenitud.

**Pluralidad de indicios**: Si son varios indicios, deben ser interrelacionados, lo que refuerza su validez.

**Coincidencia temporal**: Los indicios deben ser contemporáneos al hecho que se está probando.

---

**Interrelación entre los indicios**: Los indicios deben reforzarse entre sí, indicando una misma dirección.

**Razonabilidad**: Los indicios deben ser razonables y no arbitrarios. Debe existir nexo de unión entre el hecho que se trata de probar y los indicios que apuntan hacia ese hecho.

En el contexto de la alcoholemia, la medición de la tasa de alcohol mediante el etilómetro es uno de los indicios más importantes, pero también deben tomarse en cuenta otros elementos, como el comportamiento del conductor y los resultados de posibles pruebas adicionales, para formar una convicción completa en el proceso judicial.

## 6.2. Regulación de las pruebas de alcoholemia en el Reglamento General de Circulación

Las pruebas para detectar la intoxicación por alcohol se regulan en el **artículo 22 del Reglamento General de Circulación (Real Decreto 1428/2003 de 21 de noviembre)** establece que:

Las pruebas de alcoholemia se realizan con **etilómetros homologados**, los cuales determinan de forma cuantitativa el grado de alcohol en el aire espirado.

En caso de que el interesado lo solicite o por orden de la autoridad judicial, **las pruebas pueden repetirse** para efectos de contraste. En este caso, se pueden realizar análisis de **sangre, orina** u otros métodos análogos.

En situaciones donde el conductor presente lesiones, dolencias o enfermedades que dificulten la realización de las pruebas, el personal médico será el encargado de decidir qué pruebas deben llevarse a cabo.

## 6.3. Tipos de Etilómetros y Métodos de Verificación de Alcoholemia

El etilómetro funciona basándose en la **vinculación entre la concentración de alcohol en sangre y la concentración de alcohol en el aire espirado**. Este método se basa en la **ley de Henry**, que refiere la exitencia de una relación constante entre el alcohol presente en un volumen de aire espirado y el alcohol en sangre, siendo aproximadamente 1/2000, lo que quiere decir que por cada 1 ml de alcohol en sangre, hay 2000 ml de aire espirado con la misma concentración alcohólica.

**El etilómetro mide la cantidad de alcohol en el aire espirado**, y, a partir de esa medición, calcula la concentración de alcohol en sangre. Esta técnica se utiliza en la mayoría de los países y está respaldada por **normativas metrológicas** para garantizar la precisión de las mediciones. El uso de estos dispositivos está regulado por la **norma UNE 26443** (Orden de 27 de julio de 1994), que establece los requisitos de homologación y calibración para los instrumentos de medición de alcohol en aire espirado.

**El proceso de calibración y control metrológico** asegura que los resultados obtenidos sean fiables. Los etilómetros deben someterse a un **control metrológico** para garantizar que los resultados sean precisos. Para ello, es necesario verificar la calibración del instrumento cada diez o doce mediciones, y una revisión por parte de técnicos especializados cada seis u ocho meses.

El margen de error estimado para estos instrumentos es de **±5%** sobre la medición de **0,8 g/l**, lo que significa que, aunque los etilómetros ofrecen resultados altamente fiables, existe un pequeño margen de error que debe ser considerado en el proceso judicial. Este margen es importante a la hora de valorar la precisión de las pruebas de alcoholemia, especialmente en casos en los que los valores se encuentran cerca del umbral que determine si se considera una infracción administrativa o bien un ilícito penal.

Por ello, existen diversos **tipos de etilómetros** y **métodos de verificación** de la tasa de alcohol en el organismo. Cada uno de estos tiene características específicas en cuanto a su uso, precisión, y velocidad de obtención de resultados. Además de los etilómetros, también se emplean otros métodos complementarios, como los análisis de orina, saliva y sangre. A continuación, se describen los principales instrumentos y métodos utilizados para medir la intoxicación alcohólica:

### 6.3.1. Etilómetros

- **Etilómetro Evidencial**

El **etilómetro evidencial** es un instrumento **homologado y certificado** sometido a **control metrológico**, que mide el grado de impregnación alcohólica en el organismo a través del aire espirado. Este tipo de etilómetro se utiliza en una fase posterior a la medición inicial con un **etilómetro de muestreo** (como se explica más adelante) y tiene ciertas características que lo hacen más exhaustivo y preciso, pero también más lento en comparación con otros dispositivos.

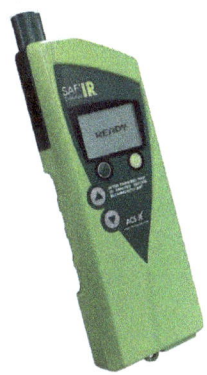

| Características |
|---|
| **Proceso de medición más lento**: Requiere que la persona sople en el aparato en dos ocasiones. Después de la primera prueba, el aparato da un resultado preliminar, pero la persona tiene derecho a realizar una segunda prueba. Se toma el resultado más bajo de las dos mediciones.<br><br>**Datos personales**: Antes de realizar las pruebas, se introducen una serie de datos personales en el aparato para realizar la verificación. |

Este tipo de etilómetro es utilizado en **pruebas oficiales** donde la exactitud es importante para la formación de la convicción judicial, especialmente si se sospecha que la tasa de alcohol está cerca del límite legal.

- **Etilómetro de Muestreo**

El **etilómetro de muestreo** es el instrumento utilizado para la **verificación inicial** de la tasa de alcohol en el aire espirado. Este dispositivo también es **homologado y certificado** y está **sometido a control metrológico**, pero se diferencia del etilómetro evidencial principalmente por su rapidez y menor precisión.

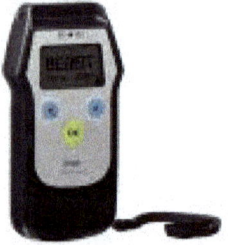

| Características |
| --- |
| **Uso rápido**: Este instrumento proporciona resultados casi inmediatos y es útil para detectar rápidamente si el conductor tiene una tasa de alcohol que podría estar por encima del límite legal.<br><br>**Menor precisión**: Si bien es efectivo para obtener un resultado preliminar, este dispositivo es menos preciso en cuanto a la medición exacta de la concentración alcohólica en sangre, lo que puede llevar a imprecisiones en situaciones cercanas al límite legal. |

Es común que el etilómetro de muestreo se utilice como **primer paso** en los controles de alcoholemia, y si el resultado es positivo, se procede a realizar una **prueba adicional** con el etilómetro evidencial para confirmar la medición.

### 6.3.2 Otros Métodos de Verificación

Además de los etilómetros, existen otros **métodos alternativos** para medir la intoxicación alcohólica, cada uno con sus propias características, ventajas y limitaciones:

- **Interlock**

El **interlock** es un dispositivo utilizado por algunos conductores que está instalado en el vehículo. Este mecanismo requiere que el conductor realice una prueba de alcoholemia antes de permitir el arranque del vehículo. Si el resultado de la prueba es positivo, el vehículo no podrá ponerse en marcha.

| Características |
|---|
| **Prevención de conducción bajo los efectos del alcohol**: El interlock ayuda a evitar que los conductores en estado de embriaguez arranquen sus vehículos, actuando como una medida preventiva.<br><br>**Avalado judicialmente**: En algunos países, el uso de interlocks ha sido aprobado y respaldado por los tribunales como una herramienta para la seguridad vial. |

- **Análisis de Orina**

El **análisis de orina** mide el nivel de alcohol en la orina, un método que se basa en la difusión del alcohol desde la sangre a la orina. La concentración de alcohol en la orina es **aproximadamente un 25% mayor** que en la sangre.

| Características |
|---|
| **Relación con el alcohol sanguíneo**: Existe una relación constante entre el alcohol en sangre y el alcohol en orina en el momento de la elaboración de la orina, pero la concentración puede variar debido a factores como la hidratación, el tiempo transcurrido desde el consumo y otros.<br><br>**Desventajas**: Este método ha sido **descartado en muchos países** porque la concentración de alcohol en la orina no es tan confiable como la de la sangre y puede estar influenciada por diferentes causas. Además, la relación entre el alcohol en la orina y la sangre no es constante en todos los casos. |

- **Análisis de Saliva**

El **análisis de saliva** se basa en la medición de los residuos de alcohol en la saliva del sujeto, lo que permite estimar su concentración de alcohol.

| Características |
| --- |
| **Precisión relativa**: La prueba de saliva es bastante precisa cuando se realiza adecuadamente, pero su fiabilidad depende de **cuándo se realiza** la medición. Para obtener resultados fiables, la prueba debe realizarse **al menos media hora después** de la ingestión del alcohol, ya que durante la fase de absorción el alcohol en saliva muestra valores más bajos que en sangre.<br><br>**Limitaciones temporales**: Si se realiza fuera de este plazo (más de dos o tres horas después de la ingestión), la prueba se vuelve **poco fiable**. |

- **Análisis de Sangre**

El **análisis de sangre** es el método más preciso para medir la concentración de alcohol en el cuerpo y se utiliza en casos en los que el conductor ha obtenido un resultado positivo en las pruebas de alcoholemia.

| Características |
| --- |
| **Prueba de contraste**: Si un conductor da positivo en la prueba de alcoholemia con etilómetro, tiene derecho a solicitar una **prueba de contraste** mediante análisis de sangre. Esta prueba se realiza en un centro médico, y el sujeto debe ser trasladado allí por la policía.<br><br>**Voluntariedad**: El análisis de sangre **solo puede ser realizado con el consentimiento del conductor**. En caso de negativa, la policía puede solicitar autorización judicial para realizar la extracción de sangre contra la voluntad del interesado, pero debe estar justificada por la ley y ser proporcional al fin perseguido.<br><br>**Costos**: Si la prueba de sangre es negativa, el conductor tiene derecho a que se le devuelva el coste de la prueba. |

**Sentencia del Tribunal Supremo 207/1996**: En este caso, el Tribunal Supremo establece que la extracción de sangre solo es legítima si **existe justificación objetiva**, la medida está **prevista en la ley**, y no existen **medidas menos gravosas** para obtener el mismo resultado. La extracción debe ser aprobada mediante **resolución judicial motivada**.

## 6.4. Verificación y control metrológico de los etilómetros

### 6.4.1. Verificación después de reparación o modificación

La Orden ICT/155/2020, de 7 de febrero, establece en su Capítulo III (artículos 6 al 13) el procedimiento de verificación que debe llevarse a cabo tras la reparación o modificación de un etilómetro.

Cuando un etilómetro sufre una reparación o modificación, debe ser realizado exclusivamente por un reparador autorizado, debidamente inscrito en el Registro de Control Metrológico. De la misma forma, el titular del dispositivo está obligado a notificar la intervención a la Administración Pública competente o al organismo autorizado de verificación metrológica, especificando el objeto de la reparación, los componentes sustituidos y los ajustes realizados.

Antes de que vuelva a ser utilizado, ha de ser verificado para asegurar que cumple con las especificaciones metrológicas establecidas. Si supera dicha verificación, se emitirá un certificado de conformidad y se colocará una etiqueta visible en el dispositivo, indicando su tipo y confirmando su aptitud para la función. Asimismo, se procederá a precintarse otra vez. Es importante destacar que esta verificación tendrá los mismos efectos que una verificación periódica en cuanto al plazo para la siguiente revisión.

### 6.4.2. Verificación Periódica

La verificación periódica es un control importantísimo en el uso de los etilómetros, dado que todos los dispositivos en servicio deben superar esta revisión anualmente. Por ello habrá que estar en lo expuesto en la Orden ICT/155/2020 en concreto en su Capítulo IV, artículos 14 al 19. Esta verificación resulta obligatoria y su incumplimiento expone la prohibición del uso del etilómetro.

El titular del etilómetro debe solicitar la verificación antes de que se cumpla un año desde la última revisión. La misma es llevada a cabo mediante ensayos técnicos realizados por organismos autorizados, siguiendo los mismos procedimientos que en la verificación inicial. Una vez superada, se coloca una etiqueta de conformidad visible y se emite el correspondiente certificado.

## 6.5. Márgenes de error aplicables a los etilómetros y su influencia en las infracciones y delitos por alcoholemia

### 6.5.1. Base legal y control metrológico.

El control metrológico de los etilómetros se sustenta en la **Ley 32/2014, de 22 de diciembre por el que se regula el control metrológico, el Real Decreto 244/2016, de 3 de junio, y la Orden ICT/155/2020, de 7 de febrero.** Estos marcos normativos aseguran que los dispositivos de medición de la alcoholemia funcionen con un margen de error mínimo y dentro de los límites aceptables.

La Organización Internacional de Metrología Legal (OIML), en su Recomendación R 126 de 2012, establece dos tipos de EMP:

**a) EMP para la aprobación de tipo, verificación inicial y verificación tras reparación o modificación.**

**b) EMP para etilómetros en operación (verificación periódica).**

Esto garantiza la fiabilidad de los resultados, independientemente del tiempo en servicio del dispositivo. Aplicar otros errores podría transgredir la precisión de las mediciones debido a posibles desviaciones en la calibración del instrumento. En consecuencia, todas las mediciones de alcoholemia deben realizarse atendiendo únicamente a los EMP recogidos en la normativa vigente, asegurando así la máxima garantía en los procedimientos de control de alcoholemia.

Como bien expone el **Art. 8 de la Ley 32/2014, de 22 de diciembre, de Metrología**, establece que: *"Los instrumentos, medios, materiales de referencia, sistemas de medida y programas informáticos que sirvan para medir o contar y que sean utilizados por razones de interés público, salud y seguridad pública, orden público, protección del medio ambiente, estarán sometidos al control metrológico del Estado en los términos que establezca su reglamentación específica".*

Respecto a los etilómetros, se encuentran regulados en el **Anexo XIII de la Orden ICT/155/2020, de 7 de febrero por la que se regula el control metrológico del Estado de determinados instrumentos de medida**, y cuyos errores máximos permitidos (en adelante EMP) serán de aplicación a los Etilómetros puestos en servicio desde el 24/10/2020; mientras que los etilómetros puestos en servicio con anterioridad, les serán aplicables los EMP establecidos en la ITC/3707/2006, de fecha 22 de noviembre, por la que se regula el control metrológico del Estado de los instrumentos destinados a medir la concentración de alcohol en aire espirado (Criterio recogido en el informe del Centro Español de Metrología a la Fiscalía de Seguridad Vial sobre Cinemómetros y Etilómetros evidenciales de abril de 2021).

En base a la normativa reseñada, los EMP a aplicar son los siguientes:

**Error Máximo Permitido (EMP) para etilómetros puestos en servicio antes del 23 de octubre de 2020. (Regulados en ORDEN ITC 3707/2006)**

La Orden ICT/155/2020, de 7 de febrero por la que se regula el control metrológico del Estado de determinados instrumentos de medida, establece que no se pueden exigir requisitos adicionales a los instrumentos en servicio, o puestos en servicio sobre la base de legislaciones anteriores, por lo que será de aplicación lo establecido en la Orden ITC3707/2006

| Valor tasa mg/L aire espirado | EMP | Cálculo valor mín. | Cálculo valor máx. |
|---|---|---|---|
| Concentraciones ≤0,400 mg/L | 0,030 | - 0,03 | + 0,03 |
| Concentraciones >0,400 mg/L y ≤1 | 7,5% | x 0,925 | x 1,075 |
| Concentraciones >1 mg/L y ≤2,455 mg/L | 20% | x 0,8 | x 1,2 |
| Concentraciones >2,455 mg/L | $Valor\ referencia \times \left(\frac{3}{4}\right) - 1.35$ | Valor referencia (-EMP) | Valor referencia (+EMP) |

**Error Máximo Permitido (EMP) para etilómetros puestos en servicio desde el 24 de octubre de 2020. (Regulados en la ORDEN ICT/155/2020).**

Normativa regula EMP: Apéndice III, del Anexo XIII de la Orden ICT/155/2020, de 7 de febrero por la que se regula el control metrológico del Estado de determinados instrumentos de medida; que se remite al apartado 5.2.2 de la Recomendación Internacional OIML R 126

| Valor tasa mg/L aire espirado | EMP | Cálculo valor mín. | Cálculo valor máx. |
|---|---|---|---|
| Concentraciones ≤0,400 mg/L | 0,030 | - 0,03 | + 0,03 |
| Concentraciones >0,400 mg/L y ≤2 mg/L | 7,5% | x 0,925 | x 1,075 |
| Concentraciones >2 mg/L | $Valor\ referencia \times \left(\frac{3}{4}\right) - 1.35$ | Valor referencia (-EMP) | Valor referencia (+EMP) |

No obstante, si los EMP de la Orden ICT/155/2020 son más beneficiosos para el ciudadano sometido a la prueba, se aplicarán estos últimos.

Los Errores Máximos Permitidos (EMP) deben equilibrar la tecnología existente con la protección de los ciudadanos. Para determinar estos EMP, es fundamental revisar la fecha de expedición del certificado de verificación correspondiente, puesto que el informe del Centro Español de Metrología de abril de 2021, solicitado por la Fiscalía de Seguridad Vial, refiere que deben aplicarse exclusivamente los EMP correspondientes a la verificación periódica

### 6.5.2. Aplicación del margen de error y procedimiento de denuncia.

La Dirección General de Tráfico (**DGT**), a través de la **Instrucción 02/S-61**, ha indicado que los índices de error mencionados deben ser considerados a la hora de determinar si una conducción bajo los efectos del alcohol constituye infracción administrativa o penal. Por ello:

> Se aplicará el EMP únicamente para decidir si se ha cometido una infracción, pero **no se aplicará para la graduación de la sanción**.
>
> El valor que arroje el etilómetro deberá reflejarse **sin aplicar el EMP** en la denuncia.

Asimismo, la **Instrucción 14/S-134, de 9 de julio de 2014**, establece que la denuncia administrativa procederá a partir de **0,29 mg/l en aire espirado** para conductores en general (límite de referencia 0,25 mg/l) y a partir de **0,19 mg/l** para conductores profesionales y noveles (límite de referencia 0,15 mg/l).

### 6.5.3. Tablas de aplicación en el ámbito administrativo y penal

ÁMBITO ADMINISTRATIVO (Ley de Seguridad Vial)

Conductores en general (límite de referencia: 0,25 mg/l)

| Tipo de etilómetro | No procede denuncia | Procede denuncia administrativa | Infracción grave |
|---|---|---|---|
| Etilómetros nuevos | Hasta 0,28 mg/l | Igual o superior a 0,29 mg/l | Igual o superior a 0,53 mg/l |
| Etilómetros antiguos | Hasta 0,28 mg/l | Igual o superior a 0,29 mg/l | Igual o superior a 0,55 mg/l |

Conductores profesionales y noveles (límite de referencia: 0,15 mg/l)

| No procede denuncia | Procede denuncia administrativa | Infracción grave |
|---|---|---|
| Hasta 0,18 mg/l | Igual o superior a 0,19 mg/l | Igual o superior a 0,34 mg/l |

ÁMBITO PENAL (Artículo 379.2 del Código Penal)

| Tipo de etilómetro | Procede denuncia penal |
|---|---|
| Etilómetros nuevos | Igual o superior a 0,64 mg/l |
| Etilómetros antiguos | Igual o superior a 0,65 mg/l |

Nota: Para que proceda la denuncia penal, la tasa debe ser superior a 0,60 mg/l después de aplicar el EMP.

### 6.5.4. Importancia del margen de error y otras consideraciones

**Los valores de EMP aplicables** dependen del modelo de etilómetro y su fecha de puesta en servicio.

**El EMP solo se usa para determinar si existe infracción**, no para modificar la cuantía de la sanción.

**Los agentes deben reflejar en la denuncia el valor exacto obtenido por el etilómetro, sin EMP aplicado.**

**Los valores de EMP garantizan un criterio uniforme en la aplicación de sanciones y la atribución de delitos.**

**En caso de procedimientos judiciales**, se puede solicitar la comprobación metrológica del etilómetro empleado para validar la medición.

### 6.5.5. Jurisprudencia

* **Margen de error**

La Fiscalía establece que la Policía Judicial de Tráfico debe adjuntar al atestado la documentación normativa metrológica que permita calcular el margen de error del etilómetro utilizado. Si no es posible aportar esta documentación, se aplicará el margen máximo establecido en la normativa vigente.

- Se analiza la importancia en el procedimiento judicial respecto al control metrológico de los etilómetros conforme a la Orden ITC/155/2020 de 7 de febrero y en su caso la Orden ITC/3699/2006, de 22 de noviembre

- El tribunal destaca que el margen de error máximo permitido para concentraciones mayores de 0,400 mg/l y menores o iguales a 1 mg/l es del 7,5%.

- El acusado arrojó 0,63 mg/l en aire espirado, y el margen de error máximo aplicable es de 0,047 mg/l.

- Como el resultado corregido por el margen de error puede situarse por debajo del umbral penal de 0,65 mg/l, el tribunal considera que la prueba no es suficiente para una condena automática conforme al artículo 379.2 del Código Penal.

## Sentencia Audiencia Provincial de Sevilla

- Destaca la importancia de considerar el margen de error de los etilómetros en la determinación de la tasa real de alcoholemia.

- La sentencia resalta que el control metrológico es importante con el fin de garantizar la fiabilidad de la prueba, y por contra su omisión puede afectar la validez de la misma en el procedimiento penal.

## Sentencia 371/2012, de 24 de septiembre, de la Sección 30 de la Audiencia Provincial de Madrid

- Se analiza un caso en el que el investigado da una tasa de alcoholemia cercana al ilícito penal.

- El tribunal pone en especial relieve que, sin la aplicación del margen de error, se vulnera el principio in dubio pro reo.

- Se concluye que la tasa corregida podría estar por debajo del límite penal, por lo que la prueba no es concluyente para una condena.

- Se analiza la fiabilidad del etilómetro Dräger Alcotest 7110-E utilizado en el control.

- El tribunal señala que el etilómetro había sido verificado dentro del plazo de validez, estableciendo un margen de error del 7,5%.

- Al aplicar dicho margen de error a las tasas de alcoholemia obtenidas (0,92 mg/l y 0,91 mg/l), los resultados corregidos son 0,85 mg/l y 0,84 mg/l, respectivamente.

- Como estas tasas corregidas siguen superando el umbral penal de 0,60 mg/l, se considera válida la prueba y se mantiene la condena.

- Esta Audiencia revoca una condena previa al aplicar el margen de error del etilómetro.

- El tribunal señala que, conforme a la Orden Ministerial 3707/2006, el resultado del etilómetro debe corregirse multiplicándolo por 0,925.

- En este caso, el acusado arrojó una tasa de 0,63 mg/l, que corregida con el margen de error resulta en 0,582 mg/l, situándose por debajo del umbral penal.

- Dado que la condena se basó exclusivamente en la tasa de alcoholemia sin evidencia de síntomas de influencia del alcohol en la conducción, el tribunal aplica el principio in dubio pro reo y absuelve al acusado.

## Sentencia del Juzgado de lo Penal nº 2 de Pamplona 26/2008:

Se absuelve al acusado porque su tasa de alcoholemia de 0,63 mg/l, tras aplicar el margen de error del 7,5% previsto en la normativa metrológica, podía reducirse en hasta 0,047 mg/l, situándose dentro del límite permitido. Al no haber otras circunstancias agravantes ni maniobras sospechosas en la conducción, no se aplicó el tipo penal.

## Sentencia del Juzgado de lo Penal nº 2 de Pamplona 26/2008:

Se absuelve al acusado porque su tasa de alcoholemia de 0,63 mg/l, tras aplicar el margen de error del 7,5% previsto en la normativa metrológica, podía reducirse en hasta 0,047 mg/l, situándose dentro del límite permitido. Al no haber otras circunstancias agravantes ni maniobras sospechosas en la conducción, no se aplicó el tipo penal.

## Sentencia de la Audiencia Provincial de Sevilla (SAP Sevilla 11/01/2012):

Confirma la condena del acusado porque, aunque se aplicó el margen de error del 7,5%, las tasas corregidas (0,85 mg/l y 0,84 mg/l) continuaban superando el límite legal de 0,60 mg/l. Se consideró que la prueba de alcoholemia fue realizada con todas las garantías, validando la condena basada en los resultados obtenidos.

## Sentencia de la Audiencia Provincial de Sevilla (SAP Sevilla 11/01/2012)

Absuelve al acusado ya que, tras aplicar el margen de error del 7,5% a su tasa de 0,63 mg/l, el resultado corregido quedaba en 0,582 mg/l, por debajo del umbral penal. Además, la sentencia de primera instancia no acreditó que el alcohol hubiera afectado negativamente a la conducción, lo que llevó a revocar la condena.

- **Ausencia del certificado de verificación del etilómetro y su influencia en la prueba de alcoholemia.**

Como bien es sabido, el etilómetro es un aparato de precisión, sometido al control metrológico del Estado, el cual está supeditado a una serie de garantías de su buen funcionamiento. Una de ellas es su verificación, de ahí la importancia de adjuntar los certificados al Atestado, de hecho, si no están unidos al mismo ni se aportan en plenario los certificados de homologación y calibración, la prueba de detección y medición de alcohol en aire espirado será nula de pleno derecho, como queda acreditado en la **SAP de Barcelona, Sección 9ª, de 2 de junio de 2017**. Igual ocurre cuando los certificados aportados no corresponden al modelo utilizado.

- **La falta de certificado no invalida automáticamente la prueba.**

**SAP Tarragona, 23/07/2007**

La ausencia de aportación del certificado de verificación periódica o de homologación del etilómetro no supone, por sí sola, la nulidad de la prueba de alcoholemia. Dado que la validez de la prueba no depende exclusivamente del certificado documental, sino que puede ser acreditada por otros medios, como el testimonio de los agentes actuantes . No se puede alegar la falta de validez si no se ha impugnado la prueba en el momento preciso, puesto que la impugnación a posteriori no tiene efectos sobre la validez del resultado.

- **La ausencia del certificado puede afectar a la valoración de la prueba**

**Sentencia de la Audiencia Provincial de Guipúzcoa (14/12/2004)**

Cuando no se aporta el certificado de verificación periódica en el procedimiento, se impide verificar si el etilómetro ha superado los controles reglamentarios, lo que puede restar valor probatorio al resultado obtenido. Conforme a esto la sentencia citada, expuso que si el aparato que ha sido verificado no está acreditado en virtud de los expuesto en el Art. 22 RGCir. Por tanto aunque el dato número resultado de la prueba no pueda utilizarse como fundamento único para una condena, si podrá valorarse otros indicios de conducción bajo la influencia del alcohol.

- **El etilómetro portátil tiene valor indiciario, pero no probatorio pleno**

Por tal razón, vamos a diferenciar el etilómetro portátil del etilómetro evidencial, puesto que el primero sólo sirve como indicador preliminar, pero no como prueba plena en sí. En cambio el etilómetro evidencial está debidamente homologado y sometido a control metrológico por lo que es considerado válido tanto en el índole sancionador como en el penal. A continuación vamos a reseñar las siguientes sentencias. Aunque el etilómetro portátil no constituye prueba plena, su resultado positivo es un indicio relevante de la influencia del alcohol en la conducción **(SAP Segovia (30/09/2004)** Solo se consideran válidos los etilómetros que hayan pasado la verificación anual ante un organismo oficial, como el Instituto Nacional de Metrología.**(SAP Burgos (24/05/2007)**

- **Utilización de etilómetros no homologados o sin calibrar**

En relación al procedimiento penal, la utilización de etilómetros no homologados ni calibrados no supone una vulneración de derechos fundamentales, pero sus resultados no pueden ser tenidos en cuenta como prueba válida en un procedimiento penal. Conforme a la jurisprudencia, habrá que estar ante la **Sentencia de la Audiencia Provincial de Murcia (403/2016),** la cual expresa que la falta de homologación del etilómetro impide que los resultados sean valorados en el juicio penal. No obstante, puede haber otros medios probatorios, los cuales pueden ser utilizados para certificar la conducción bajo los efectos del alcohol como puede ser la sintomatología observada y plasmada mediante diligencia por los agentes intervinientes.

En relación a todo lo reseñado en este punto se llega a las siguientes conclusiones.

- La falta del certificado de verificación no invalida automáticamente la prueba de alcoholemia, pero puede afectar su valoración si no se acredita por otros medios.

- El etilómetro portátil tiene un valor indiciario, pero no probatorio pleno.

- Si el etilómetro no está homologado o calibrado, su resultado no es válido en el procedimiento penal, aunque se pueden valorar otros indicios para determinar si el conductor estaba bajo la influencia del alcohol.

- **La caducidad del certificado impide valorar la prueba**

El etilómetro que tenga un certificado de verificación caducado no garantiza una adecuada calibración. Del mismo modo, si no ha pasado la revisión anual obligatoria, su resultado no puede ser considerado como una prueba válida en el procedimiento judicial. Por tal motivo, la ausencia de certificación vigente genera dudas sobre la fiabilidad de la prueba y puede llevar a la absolución del investigado.

- **Prueba de alcoholemia realizada con etilómetro sin revisión: NULA**

Esta sentencia indica el caso de un conductor que fue interceptado por la Policía Local por hablar por el móvil mientras conducía. Si bien no presentaba síntomas de embriaguez ni había cometido infracciones que pusieran en riesgo la seguridad vial, se le practicó la prueba con un etilómetro caducado y sin calibración actualizada, arrojando 0,7 mg/l en aire espirado. Por tanto el investigado fue absuelto, dado que la prueba fue declarada nula ya que la misma carecía de valor probatorio para incardinar el hecho en el Art. 379.2 CP. Pero la absolución se basó fundamentalmente en una falta de prueba válida que acredita que conducía bajo los efectos del alcohol.

- **La simple alegación de falta de homologación o revisión no basta**

Esta sentencia señala que no es suficiente con impugnar la prueba de forma genérica alegando que el etilómetro no estaba calibrado o revisado. Por ello la defensa del investigado debe solicitar expresamente la certificación del etilómetro en los autos para que la impugnación tenga efecto. Si la certificación no está incluida en el expediente, no se puede asumir que el aparato no cumplía con los requisitos reglamentarios. Bajo estas circunstancias, los agentes indicaron que el etilómetro estaba calibrado y la defensa no solicitó pruebas en contra, por lo que la impugnación fue desestimada.

Revisadas las sentencias en este apartado, se puede aseverar que si el etilómetro no está verificado correctamente, la prueba de alcoholemia puede ser nula y la condena anulada. Por tal razón, es muy importante solicitar la certificación del aparato en el procedimiento si se pretende impugnar su validez. No basta con alegar irregularidades, la defensa debe aportar pruebas que acrediten la falta de calibración o revisión.

# 7. LA CURVA DE WIDMARK O CURVA DE ALCOHOLEMIA

La **Curva de Widmark** es un concepto fundamental en la toxicología forense y la farmacología clínica que ha sido clave para comprender los efectos del alcohol en el organismo humano. Desarrollada por el químico sueco **Erik Widmark** a principios del siglo XX, esta herramienta ha permitido una evaluación más precisa y sistemática de los **niveles de alcohol en sangre (BAC, por sus siglas en inglés)**, facilitando una base científica para determinar la embriaguez y su influencia en distintos ámbitos, incluidos el médico, el legal y el forense.

## 7.1. Orígenes y desarrollo

Erik Widmark dedicó gran parte de su investigación a la química del alcohol y su interacción con el cuerpo humano. En **1922**, publicó su obra **"Die theoretischen Grundlagen und die praktische Verwendbarkeit der gerichtlich-chemischen Alkoholbestimmungen"**, donde presentó la **Curva de Widmark** y su correspondiente fórmula matemática. Esta fórmula estaba basada en la relación existente entre la cantidad de alcohol consumida, el peso corporal, el género y el metabolismo individual, estableciendo un modelo cuantitativo para predecir la **concentración de alcohol en sangre**.

Desde su primera aparición, la Curva de Widmark ha sido objeto de constantes mejoras y adaptaciones. Por ello, a lo largo de los años se han ido añadiendo factores adicionales, como la **tasa de eliminación del alcohol**, el **tipo de bebida ingerida**, la **edad** y otros aspectos individuales que afectan la velocidad de absorción y eliminación del alcohol. Estas modificaciones han permitido que el cálculo de la **BAC** sea más preciso y adaptable a diferentes contextos.

## 7.2. Principios fundamentales

La **Curva de Widmark** se sustenta en una serie de principios básicos que explican su funcionamiento:

- **Cinética del Alcohol en el Organismo**:

  - Una vez ingerido, el alcohol se absorbe rápidamente a través del tracto gastrointestinal y entra en el torrente sanguíneo.

  - Se distribuye por el organismo en función del contenido de agua de los tejidos y órganos.

  - Finalmente, es metabolizado principalmente en el hígado, lo que provoca una disminución progresiva de la concentración en sangre.

- **Relación entre el Consumo de Alcohol y la BAC**:

  - La BAC es proporcional a la cantidad de alcohol ingerida.

  - A mayor cantidad de alcohol consumido, mayor será la concentración en sangre, siempre que la eliminación no haya comenzado de manera significativa.

- **Factores Individuales**:

  - Existen variaciones en la absorción y metabolización del alcohol dependiendo del peso corporal, el género y la capacidad metabólica individual.

- Los hombres y las mujeres tienen diferencias en la composición corporal que influyen en la distribución del alcohol.

- **Influencia del Tiempo**:

    - A medida que el tiempo avanza, el alcohol es metabolizado y eliminado del cuerpo, reduciendo la BAC.

    - Esto es clave en la interpretación forense de los niveles de alcohol en casos judiciales.

## 7.3. Fases

La curva de Widmark describe cómo el alcohol afecta al organismo humano a lo largo del tiempo, desde su ingestión hasta su eliminación. Esta curva permite entender los distintos procesos fisiológicos relacionados con la absorción, distribución, metabolismo y eliminación del alcohol en el cuerpo. La curva se puede dividir en las siguientes fases:

1. **Fase de absorción:**

   - **Descripción:** El alcohol es absorbido en el tracto gastrointestinal, principalmente en el estómago y el intestino delgado.
   - **Características:** En esta fase, el alcohol se asimila en la sangre, alcanzando las concentraciones más altas entre los 30 minutos a 1 hora después de la ingestión.
   - **Influencia:** Es el período durante el cual el nivel de alcohol en sangre sigue aumentando.

2. **Fase de distribución:**

   - **Descripción:** El alcohol se distribuye a través de la sangre, llegando a todos los tejidos del cuerpo, especialmente al cerebro.
   - **Características:** Los niveles de alcohol en sangre suelen alcanzar su pico máximo entre 30 y 90 minutos después de la última ingesta.
   - **Influencia:** Es el período en el que el alcohol tiene su mayor efecto sobre el sistema nervioso central, alterando las funciones cognitivas y motoras.

## 3. Fase de metabolismo:

- **Descripción:** En esta fase, el alcohol es procesado y metabolizado en el cuerpo, principalmente en el hígado, donde se convierte en acetaldehído y luego en ácido acético, que finalmente se desintegra en agua y dióxido de carbono.
- **Características:** El alcohol es metabolizado en el hígado y, en menor medida, en el estómago. Este proceso no es instantáneo y varía según factores como el peso corporal, la tolerancia al alcohol y la función hepática.
- **Influencia:** El cuerpo empieza a descomponer el alcohol, reduciendo gradualmente su concentración en la sangre.

## 4. Fase de eliminación:

- **Descripción:** El alcohol es eliminado del cuerpo a través de diversas vías, como el sudor, la orina y el aire espirado.
- **Características:** La eliminación varía según factores como el metabolismo y la cantidad de alcohol consumido.
- **Influencia:** La eliminación es gradual y ocurre a una tasa promedio de 0.015 gramos de alcohol por decilitro de sangre por hora

## 5. Fase de absorción:

- **Descripción:** El alcohol es absorbido en el tracto gastrointestinal, principalmente en el estómago y el intestino delgado.
- **Características:** En esta fase, el alcohol se asimila en la sangre, alcanzando las concentraciones más altas entre los 30 minutos a 1 hora después de la ingestión.
- **Influencia:** Es el período durante el cual el nivel de alcohol en sangre sigue aumentando.

- **Descripción:** El alcohol se distribuye a través de la sangre, llegando a todos los tejidos del cuerpo, especialmente al cerebro.
- **Características:** Los niveles de alcohol en sangre suelen alcanzar su pico máximo entre 30 y 90 minutos después de la última ingesta.
- **Influencia:** Es el período en el que el alcohol tiene su mayor efecto sobre el sistema nervioso central, alterando las funciones cognitivas y motoras.

7. **Fase de metabolismo:**

- **Descripción:** En esta fase, el alcohol es procesado y metabolizado en el cuerpo, principalmente en el hígado, donde se convierte en acetaldehído y luego en ácido acético, que finalmente se desintegra en agua y dióxido de carbono.
- **Características:** El alcohol es metabolizado en el hígado y, en menor medida, en el estómago. Este proceso no es instantáneo y varía según factores como el peso corporal, la tolerancia al alcohol y la función hepática.
- **Influencia:** El cuerpo empieza a descomponer el alcohol, reduciendo gradualmente su concentración en la sangre.

8. **Fase de eliminación:**

- **Descripción:** El alcohol es eliminado del cuerpo a través de diversas vías, como el sudor, la orina y el aire espirado.
- **Características:** La eliminación varía según factores como el metabolismo y la cantidad de alcohol consumido.

- **Influencia:** La eliminación es gradual y ocurre a una tasa promedio de 0.015 gramos de alcohol por decilitro de sangre por hora.

## 7.4. Aplicaciones clínicas y forenses

La **Curva de Widmark** ha sido utilizada en diferentes disciplinas debido a su capacidad de proporcionar estimaciones confiables de la BAC en diferentes escenarios. Sus principales aplicaciones incluyen:

- **Evaluación de la Embriaguez**:

  - Permite determinar si una persona está bajo los efectos del alcohol y hasta qué punto su nivel de intoxicación afecta su capacidad de reacción y juicio.

  - Es usada en **entornos médicos y hospitalarios** para diagnosticar intoxicaciones etílicas.

- **Determinación de Responsabilidad Legal**:

  - En el ámbito jurídico, se emplea para calcular la BAC en casos de **accidentes de tráfico, delitos bajo los efectos del alcohol y responsabilidades civiles o penales**.

  - Se usa como prueba científica en juicios para establecer si un individuo superaba el límite legal permitido de alcohol en sangre.

- **Investigación Científica**:

  - Es una herramienta fundamental para **estudios clínicos y experimentos relacionados con el metabolismo del alcohol y sus efectos en el cuerpo humano**.

- **Educación y Prevención**:

  - Se utiliza en **campañas de concienciación y programas educativos** para informar a la población sobre los efectos del alcohol y la importancia del consumo responsable.

- **Pruebas de Alcohol en el Trabajo**:

  - En industrias donde la seguridad es primordial, como la aviación, la conducción de transporte público o la construcción, la Curva de Widmark ayuda a evaluar si un trabajador está en condiciones de desempeñar su labor.

## 7.5. Limitaciones y consideraciones éticas

A pesar de su utilidad, la **Curva de Widmark** presenta algunas limitaciones que deben considerarse:

- **Variabilidad Individual**: La fórmula no contempla todas las diferencias biológicas y genéticas que pueden afectar la metabolización del alcohol.

- **Tolerancia al alcohol**: Personas con alto consumo habitual de alcohol pueden presentar BAC elevadas sin signos visibles de embriaguez, lo que dificulta la evaluación objetiva de su estado.

- **Errores de Medición**: Factores como el tipo de prueba utilizada (sangre, aire espirado, orina), la hora de la medición y la absorción incompleta del alcohol pueden generar errores en la estimación de la BAC.

- **Consideraciones Éticas y de Privacidad**: La realización de pruebas de alcohol implica cuestiones de derechos individuales, privacidad y consentimiento, especialmente en el ámbito laboral y judicial.

Para finalizar, podemos constatar que la **Curva de Widmark** es un hito en la toxicología forense y la farmacología clínica, ya que ha facilitado un estudio científico para comprender la relación existente entre el consumo de alcohol y la concentración en sangre. Con esto se ha podido mejorar la evaluación de la embriaguez, la toma de decisiones médicas y la aplicación de normativas legales.

La fórmula de Widmark ha ido evolucionando a lo largo del tiempo para adaptarse a un mejor análisis de la repercusión que tiene el alcohol en cada individuo, permitiendo con ello aplicaciones más precisas en medicina, derecho y seguridad vial. Sin embargo, es importante constatar sus limitaciones y la importancia de su utilización en conjunto es más eficiente con otros métodos de evaluación.

## 7.6 Jurisprudencia

### Sentencia 306/2004 (AP Sevilla, 24/05/2004)

Es condenada una conductora con 0,78 mg/l en aire espirado, dos horas después del accidente. Aplicando Widmark, se estima que tenía 1,76 g/l en sangre en el momento del accidente, evidenciando un estado de embriaguez.

### Sentencia 108/2005 (AP Sevilla, 01/03/2005)

Se condena a un conductor con 0,98 mg/l tres horas después del siniestro. La Audiencia aplica la fórmula de Widmark para estimar la tasa en el momento del accidente.

### Sentencia 99/2005 (TS, 07/07/2005)

Se confirma una condena por asesinato, rechazando la eximente incompleta de embriaguez. Se señala que el cálculo retrospectivo de alcoholemia es un asunto controvertido en la ciencia forense.

### Sentencia 262/2005 (JP Oviedo, 24/7/2006)

Resulta absuelto un conductor con 0,38 g/l en sangre, 90 minutos después del accidente.El magistrado realiza su propio cálculo de alcoholemia retrospectiva.

## Sentencia 366/2006 (AP Madrid, 18/05/2006)

Es condenado un conductor con 0,49 y 0,44 mg/l, tres horas después del accidente.
El tribunal realiza la estimación retrospectiva aplicando Widmark.

## Sentencia 314/2006 (AP Tarragona, 17/07/2006)

Resulta absuelto un conductor con 0,48 y 0,43 mg/l, tres horas después del accidente.Se indica que la ecuación de Widmark es compleja y que los jueces no tienen capacitación técnica para aplicarla sin peritaje.

## Sentencia 453/2019 (AP Barcelona, 21/09/2018)

Es condenado un conductor con 0,66 y 0,62 mg/l, minutos después del accidente. Se menciona la "curva de Widmark" como hecho notorio en la metabolización del alcohol.

## Sentencia 592/2018 (AP Madrid, 28/09/2018)

Se condena a una conductora con 0,79 y 0,78 mg/l, minutos después del siniestro. Se rechaza la alegación de que solo bebió una cerveza, afirmando que su tasa era incompatible con esa ingesta.

# BIBLIOGRAFÍA

***Normativa y legislación***

*Constitución Española, 1978.*

*Ley Orgánica 2/1986, de 13 de marzo, de Fuerzas y Cuerpos de Seguridad.*

*Ley Orgánica 4/2015, de 30 de marzo, de protección de la seguridad ciudadana.*

*Ley Orgánica 10/1995, de 23 de noviembre, del Código Penal.*

*Real Decreto 1428/2003, de 21 de noviembre, por el que se aprueba el Reglamento General de Circulación*

*Ley de Enjuiciamiento Criminal, de 14 de septiembre de 1882.*

*Ley 6/2015, de 30 de marzo, por la que se aprueba el texto refundido sobre Tráfico, Circulación de Vehículos a Motor y Seguridad Vial.*

*Ley 50/1980, de 8 de noviembre, de Contrato de Seguro.*

*Ley de 24 de diciembre de 1962, sobre Uso y Circulación de Vehículos a Motor.*

*Real Decreto 1428/2003, de 21 de noviembre, por el que se aprueba el Reglamento General de Circulación.*

*Real Decreto 1553/2005, de 23 de diciembre, por el que se regula el Documento Nacional de Identidad.*

*Real Decreto de 24 de julio de 1889, Código Civil.*

*Código de Circulación de 25 de diciembre de 1934.*

*Ley del Automóvil de 9 de mayo de 1950.*

**Instrucciones y Circulares**

*Instrucción 1/2024, de la Secretaría de Estado de Seguridad, sobre el procedimiento integral de la detención policial.*

*Instrucción 7/1997, de 12 de mayo, de la Secretaría de Estado de Seguridad, sobre elaboración de atestado.*

*Fiscalía General del Estado, Circular 10/2011, de 17 de noviembre.*

**Normativa específica sobre control metrológico y seguridad vial**

*Ley 32/2014, de 22 de diciembre, por la que se regula el control metrológico.*

*Real Decreto 244/2016, de 3 de junio, por el que se desarrolla la Ley 32/2014.*

*Orden ICT/155/2020, de 7 de febrero, por la que se regula el control metrológico del Estado de determinados instrumentos de medida y sus errores máximos permitidos.*

*Orden ITC/3707/2006, de 22 de noviembre, sobre el control metrológico del Estado de los instrumentos destinados a medir la concentración de alcohol en aire espirado.*

*Norma UNE 26443 (Orden de 27 de julio de 1994).*

*Instrucción 14/S-134, de 9 de julio de 2014.*

***Jurisprudencia***

<u>Tribunal Supremo</u>:

*Sentencias de 2 y 15 de febrero de 1982.*

*STS 426/2020, de 15 de julio.*

*STS 3477/2017, de 3 de octubre.*

*STS 335/2016, de 21 de abril.*

*Sentencias de 11/12/1968, 23/02/1972 y 23/04/1974.*

*Sentencia de 2 de mayo de 1964.*

*STS 99/2005, de 7 de julio*

*STS                                        207/1996*

<u>Tribunal Constitucional</u>:

*STC 31/1981 (Valor de mera denuncia).*

*STC    173/1997    (Prueba    preconstituida    e incorporación al juicio oral).*

*STC 161/1997 y STC 234/1997 (No supone autoincriminación).*

*STC 107/1985 (No supone privación de libertad).*

*STC 103/1985.*

*STC 22/1988.*

*STC 68/2004, Sala Segunda, de 19 de abril.*

*STC 134/2007 (Datos del test de alcoholemia).*

<u>Tribunal Superior de Justicia</u>:

*TSJ de Valencia, 14 de diciembre de 1998.*

## Audiencias Provinciales:

*SAP Barcelona, sec. 3ª, 24/10/2008, núm. 817/2008.*

*SAP Vizcaya, 23/01/2004 (Vías públicas y privadas de uso público o colectivo).*

*SAP Ciudad Real, 10/04/2001 (Camino de acceso a establecimiento público).*

*SAP La Coruña, 09/10/2000 (Parking subterráneo).*

*SAP Madrid, 27/10/2005 (Maniobras en garaje comunitario).*

*SAP Madrid, 11/05/2004 (Entrada peatonal a garaje).*

*SAP Tarragona, 13/01/2009 (Aparcamiento).*

*SAP Badajoz, 67/2009.*

*SAP Córdoba, 38/2000.*

*SAP Almería, 29/01/2001.*

*SAP Asturias, 26/12/2003 (Protección del bien jurídico).*

*Audiencia Provincial de Madrid, sec. 29ª, 09/09/2010, núm. 249/2010.*

*Sentencia de la Audiencia Provincial de Santa Cruz de Tenerife, 05/05/2006.*

*Sentencia 306/2004 (AP Sevilla, 24/05/2004).*

*Sentencia 108/2005 (AP Sevilla, 01/03/2005).*

*Sentencia 262/2005 (JP Oviedo, 24/07/2006).*

*Sentencia 366/2006 (AP Madrid, 18/05/2006).*

*Sentencia 314/2006 (AP Tarragona, 17/07/2006).*

*Sentencia 371/2012, de 24 de septiembre (AP Madrid, Sección 30).*

*Sentencia 453/2019 (AP Barcelona, 21/09/2018).*

*Sentencia 592/2018 (AP Madrid, 28/09/2018).*

*SAP Madrid, 14/11/2008.*

*SAP Segovia, 30/09/2004.*

*SAP Burgos, 24/05/2007.*

*SAP Tarragona, 23/07/2007.*

*SAP de Barcelona, Sección 9ª, 2 de junio de 2017.*

*SAP Sevilla, 11/01/2012.*

*Sentencia 403/2016 (AP Murcia).*

**Doctrina y bibliografía especializada**

*Álvarez Rodríguez, J.R. Delitos contra la seguridad vial: especial referencia a la conducción influenciada desde la perspectiva penal, procesal y policial. Madrid: Tecnos, 2019.*

*Álvarez Rodríguez, J.R. El atestado policial completo. Piezas clave en los juicios rápidos y delitos contra la seguridad vial, relativos a la propiedad intelectual e industrial y a la violencia doméstica y de género. 4ª ed. Madrid: Editorial Tecnos, 2017.*

*Silva Sánchez (dir.) / Ragués i Vallès (coord.) Lecciones de derecho penal: parte especial. 7ª ed., 2021.*

*Mir Puig / Corcoy Bidalos (dirs.) Seguridad vial y Derecho penal (Análisis de la LO 15/2007, que modifica el Código Penal en materia de Seguridad vial). 2008.*

*Gallego Soler El nuevo delito de conducción bajo los efectos del alcohol y las drogas en: Mir Puig y Corcoy Bidasolo (Dirs.), Seguridad Vial y Derecho Penal, 2008.*

*Gutiérrez Rodríguez Tráfico y Seguridad Vial, 136 (2010).*

Gómez Pavón, P. *El delito de conducción bajo la influencia de bebidas alcohólicas, drogas tóxicas o estupefacientes: análisis del artículo 383 del Código Penal. 5ª ed. Barcelona: Bosch, 2015.*

Córdoba Roda / García Arán (dirs.) *Comentarios al Código Penal, Parte Especial, vol. II. 2004.*

Paredes Porro, Miguel Ángel

- *Vademécum Policial. Práctica Operativa. 2021.*
- *Código Penal Operativo. Práctica Policial. 2021.*
- *Documentos Policiales. Práctica Policial. 2020.*

**Informes y fuentes en línea**

*4 INTCF, Ministerio de Justicia Hallazgos toxicológicos en víctimas mortales de accidente de tráfico. Disponible en: https://www.lamoncloa.gob.es/serviciosdeprensa/notasprensa/interior/Documents/2020/210720-informe-toxicologico.pdf.*

*www.sanidad.gob.es/ciudadanos/accidentes/docs/modulo2.pdf*

*Noticias Jurídicas La Fiscalía establece pautas de actuación en relación con el delito de conducción con tasa objetiva de alcohol. Disponible en: https://noticias.juridicas.com.*

**Organismos Internacionales y Recomendaciones**

*Organización Internacional de Metrología Legal (OIML), Recomendación R 126 de 2012.*

*Curso de formación: La Curva de Widmark: Evolución de la tasa de alcoholemia en el tiempo (2023).*

www.ingramcontent.com/pod-product-compliance
Lightning Source LLC
Chambersburg PA
CBHW040148010726
47475CB00039B/492